新经济环境下企业发展与管理创新研究

XIN JINGJI HUANJING XIA
QIYE FAZHAN YU
GUANLI CHUANGXIN YANJIU

杨启明　向　前◎著

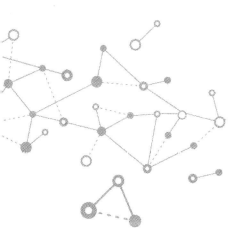

经济管理出版社

ECONOMY & MANAGEMENT PUBLISHING HOUSE

图书在版编目（CIP）数据

新经济环境下企业发展与管理创新研究/杨启明，向前著 . —北京：经济管理出版社，
2023. 10

ISBN 978-7-5096-9370-4

Ⅰ . ①新…　Ⅱ . ①杨…　②向…　Ⅲ . ①企业发展—研究—中国 ②企业管理—研究—中国
Ⅳ . ①F279. 23

中国国家版本馆 CIP 数据核字（2023）第 204484 号

组稿编辑：张馨予
责任编辑：张馨予
责任印制：许　艳
责任校对：张晓燕

出版发行：经济管理出版社
　　　　　（北京市海淀区北蜂窝 8 号中雅大厦 A 座 11 层　100038）
网　　址：www. E-mp. com. cn
电　　话：（010）51915602
印　　刷：唐山昊达印刷有限公司
经　　销：新华书店
开　　本：720mm×1000mm/16
印　　张：13
字　　数：206 千字
版　　次：2023 年 12 月第 1 版　　2023 年 12 月第 1 次印刷
书　　号：ISBN 978-7-5096-9370-4
定　　价：98. 00 元

前　言

　　随着市场发展规模的不断壮大及社会经济结构的不断转变，现代企业取得了较快的发展与进步。企业发展和管理工作也显得越来越复杂，在实际工作中尚存诸多较为突出的问题，这些问题会对企业的发展与管理水平产生直接的影响，同时也对企业的整体发展状况极为不利。在新的经济环境下，在我国经济增速换挡、结构升级、动能转换和国际逆全球化的大环境中，面对企业发展的机遇和挑战，管理者应强化管理。因此，研究经济新常态下企业发展状况和管理路径创新，对于促进企业在全新环境中健康持续发展具有重要意义。

　　《新经济环境下企业发展与管理创新研究》一书共包括五章内容。第一章对新经济环境下的企业发展进行了概述，重点解读了新经济的形态和发展动力，梳理了新经济环境下企业发展的机遇和挑战。第二章指出新经济环境下企业经济发展与管理存在的问题，并提出解决策略。第三章重点就新经济环境下企业发展战略管理问题进行深入的剖析，指出新经济环境下企业发展战略管理面临的挑战，并分别就企业文化战略、竞争战略、营销战略、财务战略和人力资源战略的管理创新问题进行深入分析。第四章重点就数字经济环境下企业市场营销的创新发展进行深刻论述，分析了数字化环境下企业市场营销环境的变化、企业市场营销战略升级、市场营销新趋势及市场营销管理。第五章则聚焦于新经济环境下企业经济的可持续发展，探讨了经济新常态下企业经济可持续发展的战略问题。

本书在写作过程中参考了国内外大量专家学者的研究成果，在此表达诚挚的谢意！另外，由于作者的能力和精力有限，书中可能会有疏漏和不足之处，敬请广大读者朋友批评指正，不胜感激！

目　录

第一章　新经济环境下企业发展概述

自 1978 年以来，国内改革开放政策与势不可挡的全球化浪潮的完美结合，使中国在全球资源配置调整期间飞速发展，成为了全球化浪潮中获益最多的国家之一。为了实现全面建成小康社会的伟大目标，基于全新的国际与国内环境，党中央提出了"四个全面"战略布局，其中经济体制改革是全面深化改革的重点。结合产业结构升级与创新驱动的经济新常态特征，可以知道国内企业将面临的是一个以开放的市场经济为基础，创新驱动为引擎，产业结构升级为趋势的新环境。

在我国进入经济新常态，即经济增速换挡、结构升级、动能转换和国际逆全球化的大环境中，企业面临着机遇和挑战。因此，研究经济新常态下企业发展状况和路径依赖，对于促进企业在全新环境中健康持续发展具有重大意义。

第一节　新经济的形态认识

新经济有三个基本形态，即平台经济、共享经济和微经济。这三者连接成一个整体，相辅相成，构成了新经济的基本形态。

一、平台经济

平台是互联网经济时代最重要的产业组织形式。平台型企业并不生产有形的产品，而是通过参与动态的价值网络为客户提供一系列创新服务，并收取恰当的费用或赚取差价获得收益。这种经营模式的最大特征是搭建有效的双边或多边平台，通过平台来连接两类或更多类型的终端顾客，让他们顺利进行交易或者交换信息。随着互联网的渗透和应用，平台企业演化出平台经济产业已是大势所趋。

最初，滴滴在出租车行业推行出行方式的移动互联网化，打破了原有的人和车无法匹配的局面，有效地降低了信息不对称的概率。人们乘坐出租车不再面临路边拦车而不得的尴尬局面，这大大降低了用户打车的时间成本，提升了用户的体验满意度。

滴滴在网约车市场取得成功以后，并没有停滞不前，而是将眼光放得更加长远，加快向其他出行方式拓展，努力打造了一个涵盖出租车、商务专车、快车、顺风车、巴士、代驾等的"一站式"出行服务平台。

互联网平台为创新创业奠定了坚实的基础。要释放"大众创业、万众创新"的活力，降低门槛是当务之急。当前依托互联网平台，涌现出了数以百万计的年轻创业者，让人们领略了互联网平台带来创业创新浪潮的风采。

二、共享经济

"共享经济"这一术语最早由美国得克萨斯州立大学社会学教授马科斯·费尔逊（Marcus Felson）和伊利诺伊大学社会学教授琼·斯潘思（Joe L. Spaeth）在 1978 年发表的论文《群落结构和协同消费》中提出，两位教授用"协同消费"来描述一种生活消费方式，其主要特点是个体通过一个第三方市场平台，实现商品与服务点对点的直接交换。

起初，这种模式并未引起太多的关注，30 年后才发生了一些改变。在美国旧金山，布莱恩·切斯基（Brian Chesky）和乔·格比亚（Joe Gebbia）刚刚从罗德岛设计学院毕业，他们在自己的公寓里铺上气垫床，为工业设计会议的参会者提供住处，以此来赚些零用钱。他们开发了一个名为"Airbnb"的网站来宣传他们的服务。这家公司被视为共享经济的代表。

2010年，雷切尔·博茨曼（Rachel Botsman）与路·罗杰斯（Roo Rogers）在其出版的书籍《我的就是你的》中对共享经济模式做了详细的描述，包括其产生的原因及表现形态。该书第一次系统性地对消费领域的共享经济（两位作者称为"协同消费"）进行了论述，这也把全社会对于这一模式的认识带到了一个新的高度。

随后，在全球范围内，各种类型的共享经济模式快速发展，它们在创造着一种新的经济模式的同时，也对传统经济模式提出了挑战。关于共享经济模式的讨论已不仅限于商业和经济范畴，它也成为许多国家政府机构制定新政策时所关注的议题之一。

作为一个新生的而且还在不断演进的理念，可以说，全世界对于共享经济尚无统一的定义。学者及业界对于这一新经济模式的理解有着不同的认识和侧重。除最常看到的"共享经济"外，还可以看到一些对共享经济的不同称呼，包括"协同消费""点对点经济"（P2P）"网格经济""零工经济""使用经济""按需经济"。这些称谓分别来自不同时期和不同学者对于共享经济的认识。

（一）协同消费

协同消费的核心是共享，通过网络渠道使消费者的消费信息对称化，互不相识的消费者可以通过协同消费平台建立协同消费关系。学术界普遍认为协同消费有利于社会资源的有效利用，能够提升社会总体福利水平，但是对于协同消费的具体定义，却没有形成共识。协同消费就是通过协同消费平台将闲散的社会资源加以整合，实现资源共享和利益共享的消费模式。[①] 协同消费可以分为三大类：第一类为产品服务系统，这是一种新型"使用"观念，消费者通过协同消费平台只获得消费品的使用权，而没有所有权，不同的消费者还可以通过协同消费平

---

① 杨晓北. 共享经济背景下协同消费模式分析及发展策略［J］. 商业经济研究，2018（19）：43-45.

台共同获得消费品使用权，产品服务系统提升了产品使用效率，减少了消费者负担；第二类是再分配市场，这类市场主要通过社交平台将二手物品重新分配；第三类是协同生活方式，这种协同消费更多发生在志趣相投的陌生人之间，可以促进社会关系的进步。

（二）点对点经济

在国内，点对点经济（P2P）特指互联网金融的一种模式。P2P 是英文 Peer to Peer Lending（Peer-to-Peer）的缩写，即个人对个人（伙伴对伙伴）；其又被称为点对点网络借款，是一种将小额资金聚集起来借贷给有资金需求人群的一种民间小额借贷模式，属于互联网金融（ITFIN）产品的一种。在国外，P2P 则覆盖了更广泛的商业范围，是指那些个体与个体之间的商业行为。个体通过第三方平台以租、售、借或者分享的方式与他人进行物品或服务的商业交换，而不是与某个生产销售商品或服务的机构组织发生交易，实现端到端的直接沟通、交易，取消中间环节和中介服务。

（三）网格经济

Mesh 的原意是一种网络形式，Mesh 网络指"无线网格网络"，是解决"最后一公里"问题的关键技术之一。在向下一代网络演进的过程中，无线是一个不可或缺的技术。无线 Mesh 是一个动态的可以不断扩展的网络架构，任意两个设备均可以保持无线互联。2010 年，丽萨·甘斯基（Lisa Gansky）在她的书籍《网格经济，为什么未来的商业是共享》中首次用 Mesh 来定义共享经济模式。这个称谓强调人们通过网络和数字技术去接触、使用他们需要的商品或者服务，同时强调互联网社交媒体在连接人与人关系方面的价值，如 Facebook 和 Twitter 等公司。

（四）零工经济

零工经济（Gig Economy）原指一种工作、职业、任务，后被赋予了新意。它描述了共享经济的一种工作雇用模式，即共享经济模式下，平台提供了更有弹性和更为灵活的工作模式，人们不再长期受雇于某一组织或机构，他们只在某一时间段提供某种特定的商品或者服务。美国的 *The Daily Beast* 在 2009 年 1 月 12

日刊登的文章《零工经济》中首次提出该术语，后来也有人以"零工经济"来泛指共享经济模式。

零工经济区别于传统"朝九晚五"的工作模式，其工作时间短、形式更加灵活，可以利用互联网和移动技术快速匹配供需方。零工经济是共享经济的一种重要组成形式，是人力资源的一种新型分配模式。零工经济是由工作量不多的自由职业者构成的经济领域，利用互联网和移动技术快速匹配供需双方，其主要包括群体工作和经应用程序接洽的按需工作两种形式。

（五）使用经济

这一提法来自杰里米·里夫金的书——《使用权时代》。这个概念关注共享经济最重要的一个特点，即使用权优于拥有权。未来对于许多物品和资产而言，人们不追求拥有它们，而是考虑使用的过程。例如，我不一定要拥有一个 DVD 影碟机，我只需要观看影片，即我不需要一直拥有一个东西，而只需要它的使用价值。

（六）按需经济

按需经济是近期提出的一个概念。这一概念从满足人们的需求出发，核心是保证人们所需要的产品和服务能够通过互联网和移动互联网技术快速获取，并达到最有效的状态。例如，当需要乘坐一辆车从甲地到乙地时，我们希望最近且能够满足旅程需求的那一辆车快速地来到我们面前，而这一切对信息的沟通效率和大数据下供需匹配的精确度要求很高。

今天，全球范围内对于共享经济仍然没有完全统一的称谓，共享经济的内涵、边界和模式仍处于探索之中，也许在未来，人们还会对这一模式提出新的概念。为了统一，以不同称谓在媒体上出现的频率为依据，我们在本书中采用频率最高的"共享经济"来泛指这一新兴的经济模式。其含义是"人们通过一个第三方的互联网或移动互联网的技术平台，将闲置的或者盈余的商品、服务、经验等以有偿或者无偿的方式提供给需求者的经济模式"。共享经济强调提高资源的使用效率，突出"使用权"而非"拥有权"，强调开放、去中心化的组织形式。

三、微经济

与其说微经济是一种经济模式，不如说它是一种在科技进步下产生的经济形态。广义的微经济是指以最小化经营成本为目标，可以充分灵活安排产销量的微型企业及其生存体系；狭义的微经济则特指随着互联网的普及及网上交易平台的建立，通过网络和外包的物流系统接收小额高频订单和安排销售的网络商户。

相比传统的经济产业模式，微经济不需要复杂的企业运行体系和频繁的商务人员往来，甚至不需要车间厂房。它可以被理解为脱离组织生产所创造的经济，充分的灵活性使微经济基本没有经历传统意义上的进入壁垒。因此，随着广大的微经济主体进入网络商户的范畴中，它便出现在我们身边了。当我们在淘宝、eBay 等购物网站上购物时，我们就不知不觉地参与了微经济，与微经济主体及第三方网络平台共同构建了一个完整的微经济链条。目前，这些网上的小额交易已成为"微经济"的重要组成部分。

微经济主要具有三个明显的特征：一是不需要过多固定成本的投入；二是主要通过技术创新的方式来降低成本；三是对市场的变化反应敏感，并能根据市场需求的变化迅速调整产品类别，促进产品结构的快速优化。正因如此，微经济对风险的抵抗能力会更强，其优势在金融危机中得到了充分的体现。金融危机对传统零售行业的打击很大，而网络销售额却在持续上升，经济收益相当可观。

微经济也并不是商业发展的终极模式。作为对传统经济模式的一种补充，微经济在一定程度上刺激着商业模式的不断改善，并且对经济社会兼容性与适应性的提升也极为有益。但是，任何事物都具有两面性，微经济在迅速成长的同时，也存在着一些明显的弊端。例如，正是由于企业规模微小及严格的成本控制，微经济主体往往不会主动进行大量的科技研发，也很少会生产、销售高附加值的产品。

第二节 新经济的发展动力

一、大数据促进经济的进一步飞跃式发展

从人类认识史可以发现，对信息的认识史就是人类的认识进步史与实践发展史。人类历史上经历过四次信息革命。第一次是创造语言，语言是即时变换和传递信息的工具，人类通过语言建立相互关系来认识世界。语言的产生表明人类认识世界并开始改造世界，通过语言产生思维，将事物的信息抽象表达为声音这个即时载体，但语言的限制和缺点是无法突破个体的时空。第二次是创造文字及造纸与印刷技术的发明，实现了人类远距离和跨时空的思想传递，人类因此加强了联合。文字虽然突破了时间和空间的限制，但需要耗费较高的交流成本和传播成本。第三次是发明电信通信，电报、广播、电视实现了文字、声音和图像信息的远距离即时传递，为电子计算机与互联网的创造奠定了基础。第四次是电子计算机与互联网的创造，这是一次空前的伟大综合，其特点是所有信息都可归结为数据，表达形式为数字，只要有了 0 和 1 并加上逻辑关系就可以构成全部世界。现代通信技术和电子计算机的有效结合，使信息的传递速度和处理速度得到了巨大的提高，人类掌握信息、利用信息的能力达到了空前的高度，人类社会进入了信息社会。在一定意义上，人类文明史是一部信息技术的发展进化史。

（一）信息的含义

从本体论层次看，信息可定义为事物的存在方式和运动状态的表现形式。事物泛指存在于人类社会、思维活动和自然界中一切可能的对象。其中，存在方式指事物的内部结构和外部联系；运动状态是指事物在时空中变化的特征和规律。从认识论层次看，信息是主体所感知或表述的事物存在的方式和运动的状态。主体所感知的是外部世界向主体输入的信息，主体所表述的则是主体向外部世界输

出的信息。

（二）数据的含义

数据是指能够客观反映事实的数字和资料，可定义为用实体表达事物的存在形式，是表达知识的字符集合。按照性质可将数据分为表示事物属性的定性数据和反映事物数量特征的定量数据；按照表现形式可将数据分为数字数据和模拟数据，模拟数据又可以分为符号数据、文字数据、图形数据和图像数据等。

数据在计算机领域是指可以输入电子计算机的一切字母、数字、符号，其具有一定意义，能够被程序处理，是信息系统的组成要素。数据可以被记录或传输，并通过外围设备在物理介质上被计算机接收，最后经过处理而得到结果。计算机系统的每个操作都需要处理数据，通过转换、检索、归并、计算、制表和模拟等环节，经过解释并赋予一定的意义之后数据便成为了信息。数据分析包含数据采集、数据分类、数据录入、数据储存、数据统计检验、数据统计分析等一系列活动，因为接收并且解读数据才能获取信息。

（三）数据与信息的关系

数据是信息的载体，信息是有背景的数据，而知识是经过人类的归纳和整理，最终呈现规律的信息。进入信息时代之后，"数据"一词的内涵开始扩大，它不仅指代"有根据的数字"，还统指一切保存在电脑中的信息，包括文本、图片、视频等。这是因为 20 世纪 60 年代软件科学取得了巨大进步，并发明了数据库，此后的数字、文本、图片都不加区分地保存在电脑的数据库中，数据也逐渐成为"数字、文本、图片、视频"等的统称，也即"信息"的代名词。

简单地说，信息是经过加工的数据，或者说，信息是数据处理的结果。信息与数据是不可分离的，数据是信息的表现形式，信息是数据的内涵。数据本身并没有意义，数据只有对实体行为产生影响时才成为信息。信息可以离开信息系统而独立存在，也可以离开信息系统的各个组成部分和阶段而独立存在；而数据的格式往往与计算机系统有关，并随着载荷它的物理设备的形式改变而改变。大数据可以被看作依靠信息技术支持的信息群。

二、工业 4.0 带动智能环境的产生

"工业 4.0"这一概念的覆盖面非常广泛，涵盖大数据、云计算、物联网、产业互联网、一体化产业、智能化、机器通信等多个方面。"工业 4.0"是横向与纵向价值链的整合、重组和自动化，使数字信息流能够无缝、端对端地贯穿于整个价值链，并由此产生以智能工厂为核心的智能环境。人、机器和资源之间的直接交流最终创造出熟悉自身制造流程和未来应用的智能产品。基于此，智能产品将有力支持生产流程与流向的记录追踪，带来的益处体现在多个方面，包括资本、能源和人力成本的大幅度削减，市场灵活度的提高，使小批量客户的要求得以满足等。端对端系统工程使得企业可以生产定制产品，并能在生产流程中改变供应商。根据德国国家工程院预测，"工业 4.0"可以使企业生产率提高 30%。"工业 4.0"能为中国带来的潜在收益相当可观，据中国工业和信息化部估计，中国的自动化行业市场总额约为 1000 亿元。

"工业 4.0"的本质是扁平化，因为"工业 4.0"的时代特征是更快、更便捷，这就要求它必须往扁平化方向迈进。扁平化的表现形式是多种多样的，如组织结构的扁平化、信息传递的扁平化、服务理念的扁平化等。

扁平化跨越了地域、行业等限制，使一切显得更加便捷和通畅。扁平化结构是相对于传统的金字塔结构而言的。以组织结构为例，传统企业组织呈现出层级结构，由上到下依次是最高决策者、中间协调层、基层管理者，自下而上的人员越来越少，它的形状犹如一座金字塔。毋庸置疑，位于塔尖的是独一无二的决策者，中间的管理层一级一级向下传达指令，一直传给塔底的大批执行者；塔底的汇报、请示需要逐级上报，这样才能将信息传递给塔尖的决策者。在传统管理模式下，当组织规模扩大时，因管理幅度有限，管理层次就会逐渐增加。

所谓扁平化组织结构，是指通过削减管理层级、缩短经营路径、减少经营管理通道、增大管理幅度、加快层级之间信息交流速度，从而提高经营管理效益与效率的企业组织模式。扁平化组织具有管理成本低、管理效率高、信息反馈迅速等显而易见的优点。

在"工业4.0"时代，一切流程都趋于简单化、便捷化，而能符合这一要求的，无疑就是扁平化。此外，扁平化的基础是可互联、可交互，这样才能通过网络的聚合削弱或取消原有的中心功能，使"工业4.0"一直提倡的一对一、一对多、多对多的交互方式成为可能。

三、供给侧结构性改革进一步解放和发展生产力

供给侧结构性改革的内容可以分解为"供给侧+结构性+改革"三个维度。首先，"供给侧"是指着眼于供给端和生产端的管理和制度建设，即对劳动力、资本、技术等资源要素的投入方式、投入结构，企业生产成本、生产方式等方面的管理，以及对促进资源要素有效供给、质量提升、高效配置的市场机制和制度的建设。其次，"结构性"是指结构的优化调整，即立足于资源要素的有效配置和供需的有效匹配，促进生产结构、产业结构、收入分配结构、区域结构等系列结构性问题的解决，进一步释放错配资源的内在价值，有效提升资源要素的配置效率，实现经济社会协调发展。最后，"改革"是改革原有制度和构建新制度。为了确保资源要素的有效供给和高效配置，促进结构的优化调整，对原来束缚资源要素供给、市场配置功能及结构优化调整的制度进行改革创新，构建有助于进一步解放和发展生产力的制度。上述三个方面构成了供给侧结构性改革的内涵，三方面内容构成有机统一体，相互关联、相互促进。供给侧管理和制度创新是供给侧结构性改革的出发点和立足点，通过供给侧管理和制度建设可以促进或倒逼结构调整和制度改革，明晰结构优化调整和制度改革的方向，形成结构优化调整的市场动力。结构优化调整是供给侧结构性改革的关键点，通过结构优化调整促进供给与需求的有效配置，释放错配资源要素的内在价值，推动资源要素的有效供给，提升资源要素的供给质量，也为制度创新和改革提供了突破点。改革是供给侧结构性改革的落脚点，通过对原有的束缚生产力的制度的改革和对促进社会主义市场经济为导向的制度构建，保障和促进供给侧管理和结构优化调整，形成经济社会持续发展的制度环境。

从供给侧结构性改革的内涵看，供给侧结构性改革的核心是全面提升资源要

素供给的质量水平和配置效率，进一步解放和发展生产力，促进经济持续健康发展。资源要素供给的质量水平和配置效率是指在一定技术水平下各投入要素在各产出主体的分配中所产生的效率。供给侧结构性改革的内涵诠释了实现这一核心的主要途径：一是通过资源要素市场机制和制度的建设，促进资源要素价值的释放，实现资源要素供给的高效性。二是通过结构优化调整，实现资源要素向产出效率更高的部门或领域集聚，实现资源要素配置的合理性。三是通过企业活力发展和供需有效协同，实现资源要素供给的有效性。四是通过创新机制、高质量要素供给制度建设等，促进资源要素供给质量水平的提升。

第三节　新经济环境下企业发展的机遇与挑战

经济发展进入新常态后，我国经济发展的环境、条件、任务、要求等都发生了新的变化。同时，这种变化是一个长期过程，必然会给企业带来一定的机遇和挑战。

一、新经济环境下我国企业发展的机遇

我国经济进入新时代，正在从高速增长阶段向高质量发展阶段转变，经济发展方式正在从规模速度型粗放增长向质量效率型集约增长转变，经济结构正在从增量扩能为主向做精存量、做优增量转变，经济发展动力正在从传统增长点向新的增长点转变，这些变化将为企业提供难得的时代机遇。

（一）宏观政策环境带来的机遇

伴随当前经济新常态下企业所面临的挑战，政府从我国实际情况出发，制定了一系列政策措施用以推动企业的发展，改善企业的发展环境和为其发展带来持续利好条件。

首先，推动降税减负持续进行，减轻企业（尤其是中小企业）的生存成本，

释放企业发展活力。在我国产生的"经济奇迹"中，中小企业扮演着重要的角色，但是其所承受的税费同它们应该享受的待遇并不对等，缴纳税费的项目众多且相应的税率较高，这些都严重增加了企业的成本和挤压了盈利空间，成为企业肩负的重要压力来源。近年来，政府针对这一情况，制定和贯彻了《中华人民共和国中小企业促进法》，保障企业的合法权益。

2016 年，我国全面推行"营改增"改革，这几年也推出了相应的减税方案，为企业降税减负提供了方向，为各项降税减负工作的落实提供了保障。

其次，加大金融支持力度，提供企业发展动力。资金对于企业的重要性不言而喻，是一个企业的根本支点，而我国的民营企业一直以来在融资方面处于弱势地位，同大型企业相比，银行更加青睐于向大型企业贷款，对于中小企业的支持力度则稍显不足。

针对企业融资问题，政府在《促进中小企业发展规划（2016—2020 年）》中提出将全力推进普惠金融发展，推动供应链融资，建设企业信用体系，解决企业自身固有问题，增强企业融资信用。

最后，实行创新战略，为企业提供人才保障。"大众创业、万众创新"是我国面向未来国际竞争的发展战略，在增强国家创新能力的同时也为企业培养了一大批高素质人才。"双创"政策的引导，能够激发企业的创新精神和积极性，鼓励高级知识分子深入企业，推动知识分子将科技成果转化为现实的技术成果，带动企业主动创新。

（二）"一带一路"建设带来的机遇

新经济环境下，世界格局正发生着深刻变化，全球经济增速放缓，"一带一路"建设作为我国经济新常态下的全方位对外开放政策，为企业带来前所未有的机遇。

首先，"一带一路"建设为企业从外国学习优秀的管理技术和先进的经验搭建了桥梁，使得企业更加及时地了解国际市场的需求，以及自身所需要的区位优势，能够及时根据国际市场的变化制定适合自身发展的政策和战略，从而有利于企业将产品有针对性地投放市场。

其次，"一带一路"建设使得企业通向国外的贸易之路更加畅通，为进一步扩大产品出口提供了便利的条件。正如我们所熟知的，"一带一路"既包括丝绸之路经济带，还包括21世纪海上丝绸之路，这两条路能够使得企业生产出来的商品出售到沿线的更多国家和地区，扩大了企业出口，增加了贸易流量。

再次，"一带一路"建设能够促进企业创新能力的提升，其中包括产业战略选择、区域间合作、区域发展模式等方面的创新。在适应不同国家和地区环境的同时，企业能够学习与借鉴国外的成功经验，进而推动自身在技术、战略、发展模式与商业模式等方面的改革创新。

最后，"一带一路"建设能够促进企业转型升级。在"一带一路"建设中，国际市场竞争激烈，企业的发展要与沿线国家和地区的发展相结合，传统企业要加大在技术研发上的投入，向高新技术产业转型升级。

（三）新型城镇化发展带来的机遇

进入经济新常态后，我国资源配置方式、城镇化发展方式发生了重大改变，实施新型城镇化战略有利于扩大内需、优化经济发展空间，有助于培育国民经济的新增长点，为企业带来新机遇。

首先，新型城镇化为企业带来投资机会。新型城镇化发展要发挥市场在资源配置中的决定性作用，坚持市场主导、政府引导的发展方式。在城市基础建设、住房建设和公共服务设施建设等方面，不能单靠政府投入，要放宽市场准入，鼓励更多的民间资本投入，积极引导企业参与到新型城镇化建设中来。

其次，新型城镇化创造了大量需求，加快了服务业发展。新型城镇化要转变传统城镇化观念，树立以人为本的核心理念。除了要满足城镇人口的基本生存需求，还要大力发展教育、文化、旅游、养老、医疗和社会保障等行业，关注人们的身心健康，注重人们的精神需求。因此，城镇化扩大了服务消费需求，为企业带来了发展机会。

最后，新型城镇化促进产业结构升级，拉动企业发展。新型城镇化的发展有利于促进农业现代化，使农业生产向绿色生态和集约高效转变；有利于推动新型工业化发展，使工业发展向创新发展转变；有利于实现产业集聚，提升企业群体竞争优势，从而推动企业的发展。

（四）消费结构升级带来的机遇

经过 40 多年的发展，我国的经济实力迅猛提升，居民生活水平快速提高，特别是进入经济新常态以后，我国居民的消费水平和消费方式都发生了巨大的转变，这也为我国企业的发展提供了难得的历史机遇。

进入经济新常态后，消费升级是我国居民在消费领域中最为显著的特征，消费产品高端化、消费方式个性化是企业在发展中需要格外注意的最新情况。新的消费要求的出现必然带动同过去截然不同的消费热点的出现，新的消费热点往往是经济潜力巨大、但尚未得到彻底开发的空白领域，这便为广大企业提供了更为广阔的发展空间和盈利空间。企业天然具备的对市场灵敏的反应能力和适应能力，能够使它们在面对新的消费群体、新的消费需求时更为得心应手，能够集中自身力量针对全新情况开拓崭新的市场并站稳脚跟。

消费升级在为企业开辟新市场的同时，还为企业的转型发展和创新发展提供了巨大动力。只有紧随市场的发展要求，企业才得以生存和发展。消费产品的高端化需求转变，需要传统企业改变过去的粗放式发展方式和低水平消费产品，增强自身创新意识，增加科研经费投入和激发创新人才的能力，推动自身产品满足市场发展要求，提升企业产品科技含量，延长产品使用寿命，促成企业的创新能力提升和发展转型。只有如此，企业才能够把握住消费升级对企业发展的根本要求所在，增强企业的生命力和活力。

此外，从各国经济发展历史中可以看出，消费结构的升级伴随的往往是产业结构的升级，两者相辅相成。我国消费不断升级的根本原因在于经济 40 多年来高歌猛进式的发展；居民生活水平的提升、消费理念的变化也相应带动了消费升级。消费升级能够拉动产业结构的调整。在经济新常态下，消费结构的变化带动供给侧结构性调整，企业围绕崭新的市场动态提供崭新的服务，在增强企业自身水平的同时能够推动经济发展，有效缓解经济下行压力。由此在消费结构升级和产业结构调整的相互作用下，企业能够从整体上改善自身的生存环境和发展状态。

二、新经济环境下我国企业发展面临的挑战

我国进入经济新常态后，随着劳动力红利逐渐消失、生态环境约束增强，转向高质量发展成为我国经济发展的必然选择。当前，我国正处在转变发展方式、优化经济结构、转化增长动力的攻关期，必然会给企业带来严峻的挑战，企业要坚定信心、正确认识、积极应对各项挑战。

（一）传统优势弱化带来的挑战

经济新常态下，我国企业生产成本持续上升，传统优势不断削弱，生存空间日渐缩小，正面临着前所未有的发展困难和挑战。

劳动力成本上升。近年来，劳动力成本的持续上升严重影响了企业的生存和发展，造成劳动力成本上升有以下几点因素：一是我国人口发展处于重大转折期，随着年龄结构的变化，自2012年起，我国劳动年龄人口的数量和比重连续出现"双降"。劳动年龄人口持续减少，导致劳动力供给总量的下降，预计今后几年还会持续下降。二是近年来国家颁布了一系列法律和政策用于提高劳动者的工资水平和改善劳动者的工作环境。例如，《中华人民共和国劳动法》《中华人民共和国劳动合同法》等，打破了我国劳动力价格低的传统局面。三是随着劳动者受教育水平的提高，工作能力有了较大提升，维权意识增强，使劳动者对工资有了更高的诉求。

原材料价格上涨。受国际经济周期变化、国内能源紧缺和供给侧结构性改革等因素的影响，部分产业供给缺口加大，而短期需求又大致稳定，导致原材料出厂价格上涨明显。

当前，我国劳动力成本上升、原材料价格上涨导致企业生产成本上升、利润减少。生产成本的上升必然会带动成品价格上涨，大多数中小企业与大型企业抗衡的主要竞争力将丧失，生存空间将会变得更加狭窄。

（二）生态环境约束带来的挑战

多年以来，我国经济发展均为粗放式发展，在经济发展的过程中过度、不合理的资源开发和消耗严重破坏了生态环境，阻碍了生态文明建设。随着进入经济

新常态时期，加快推进生态文明建设成为经济新常态下的必然要求，为我国企业发展带来了新的挑战。

我国多数企业属于劳动密集型和资源密集型企业，主要依靠"高投入、高能耗、高排放"的生产方式和"低成本、低价格、低利润"的经营方式，在实现自身经济利益的同时，带来了大量的资源破坏、浪费和环境污染。目前，政府加大对环境保护和治理的力度，密集出台环境保护和治理的相关政策，制定企业发展生态标准，命令未达到环保标准的企业自行整改并实行严格的检查制度，对未能严格执行环保标准和排污规定的部分企业实施关停。同时，自2018年起，正式实施环保税，排放量大的企业将缴纳高额的环保税费，这些因素都导致企业的运营成本上升，生存发展更加艰难。

（三）产能过剩带来的挑战

随着我国步入经济新常态，经济增长下行压力增加，中国经济由短缺时代向过剩时代转变，产能过剩问题逐渐发展成为我国经济可持续发展的重要"瓶颈"。同时，传统产业面临的挑战和压力也更加巨大。

产能过剩并不是经济新常态下的新兴产物，是我国经济发展中多次出现的问题。产能过剩一方面是因为企业追求短期内的规模增长而忽视了增长效率和长期效益，盲目进行投资；另一方面是因为过去一段时间内，"体制性因素加剧了粗放型增长模式的影响程度，降低了市场机制在资源配置中的作用，弱化了企业作为市场主体的积极性和灵活性"[1]。

当前产能过剩对企业的挑战有以下几个方面：首先，不少行业的产能利用率非常低，造成企业开工率不足，成本上升，浪费资源。其次，产能过剩行业在同质化工业产品和低端产品领域的供给严重大于需求；同时，一些高端产品，个性化、多元化程度高的产品有效供给不足，在激烈的市场竞争中，导致企业产品价格下跌，效益大幅下滑。最后，企业销售量下降，造成产品积压，企业资金周转速度放慢，资金回报率下降，企业偿还债务能力变弱，增加了企业的金融风险。

---

① 王姝昕. 经济新常态下我国中小企业发展研究［D］. 沈阳：沈阳工业大学硕士学位论文，2019.

（四）国际经济环境变化带来的挑战

改革开放以来，我国持续对外开放，积极融入经济全球化，经济取得了巨大的成就。近年来，全球经济放缓，国际市场动荡，保护主义、单边主义明显抬头，导致我国发展的外部环境发生了深刻变化。企业作为我国对外贸易的重要主体，外部环境的变化，必然会为企业带来新的挑战。

首先，全球贸易量减少。当前，国际经济环境发生了诸多变化，全球经济增速放缓、贸易保护主义抬头、贸易摩擦加剧，从而导致全球外贸需求出现萎缩，这也对我国企业对外发展带来了新的挑战。

其次，劳动密集型出口产业面临着内忧外患的困境。长期以来，劳动密集型产品在我国出口贸易中占有很大的比重，但是近几年，劳动密集型产业面临诸多挑战。一方面，由于我国进入经济新常态，劳动力成本上升，产品价格优势难以持续，导致企业利润下降，生存发展更加困难。另一方面，很多发展中国家纷纷走上了劳动密集型出口导向发展之路，如一些东南亚国家劳动力成本很低，在低端产品的竞争中占据价格优势，与我国企业相比更具有竞争力。

最后，其他发达国家为我国技术密集型企业带来的挑战。我国出口产品既有劳动密集型产业产品，也有技术密集型产业产品。但从全球价值链的视角来看，我国出口的大量所谓的高新技术产品仍处于全球价值链的低端。美国、日本等发达国家依然在高科技产品方面对我国进行压制。由于国际经济环境的变化，我国企业在国际市场竞争中遇到了更大的阻力，随着经济新常态的到来，如何扭转外部需求逐渐缩小的趋势，使中国企业更好的"走出去"，将是我国企业面临的严峻挑战。

第二章　企业经济发展与管理存在的问题与解决策略

在我国经济社会不断进步和发展的背景下，我国企业迎来了良好的发展机遇。企业在进行经济管理工作时，既应结合企业经济管理活动的基本特征，也应结合企业的实际情况科学有效的实施。本章以现代企业经济管理为核心，分析目前企业存在的问题，并提出相应策略，以期促进现代企业的健康良性发展。

第一节　经济新常态下企业发展存在的问题

我国进入经济新常态后，企业发展受到了多方面问题的制约。因此，要从企业的外部环境和内部环境两个方面进行探讨。

一、经济新常态下企业发展的外部环境问题

企业外部环境主要包括政策环境、法律环境、金融环境、社会服务环境。目前我国企业外部环境仍存在许多尚未解决的问题，特别是在经济新常态背景下，外部环境问题严重制约了企业的发展。因此，分析研究企业外部环境问题，有利

于推动企业持续健康的发展。

(一) 企业发展的政府服务环境不完善

经济新常态下，我国企业发展面临着转型升级难、税负压力大、融资难、融资贵等问题，国家虽然出台了一系列优惠和鼓励政策，如政府坚持"两个毫不动摇"的方针，出台了"非公经济36条"等一系列政策措施，但在政府服务企业发展的环境中仍然存在许多问题。

首先，政策落实不到位。从宏观层面上看，国家和各级政府都很重视企业的发展，出台了大量的政策。但是，这些政策在实际落实中大打折扣。在企业的发展过程中仍然存在"玻璃门""旋转门""卷帘门"等现象，导致在创办企业的过程中程序烦琐、行业准入标准杂乱、浪费时间和精力、增加创业成本。

其次，政府职能转变不到位，对企业重视不足。例如，过度干预降低了企业的市场活力，同时，企业发展中还存在政府缺位现象，政府职能部门的观念转变不到位，服务意识不强，没有主动了解企业发展中政策不适应经济新常态的问题；没有做到对中小企业与大型企业一视同仁；没有为企业转型升级营造良好环境。

最后，政策制定不适合企业发展，政策之间相互不协调。地方政府由于对经济新常态这一概念的认识不足，无法及时有效地应对经济新常态带来的挑战，导致了政策制定的滞后。同时，地方政府对企业发展没有进行充分的调研，在信息反馈上不完整，与企业之间的沟通不足，在一定程度上导致所制定的政策没有起到良好的效果。

(二) 企业发展的金融服务环境不佳

对于企业而言，融资难并非是一个新出现的问题，在企业发展过程中融资难问题一直存在。我国进入经济新常态后，受经济大环境的影响，企业传统竞争优势已经不能支持企业的发展，使得企业面临着更多的风险和挑战。因此，企业转型升级和结构调整势在必行，在转型升级和技术创新的过程中，企业需要更多的资金投入，企业自身拥有的资金往往难以满足企业资金需求，这时通过融资使企业获得资金来源成为企业的必然选择。随着我国企业融资需求的增加，融资难问题更加凸显，造成这种情况的原因主要包括以下几个方面：

首先，融资渠道单一。我国企业融资方式分为直接融资和间接融资。在直接融资方面，虽然对资本市场中的新三板和中小板企业放宽了上市要求，但我国企业多为生产规模小、缺乏核心竞争力、盈利低的企业，只有少数规模较大的科创型企业能够达到上市要求，加之在申请上市的过程中有较多的审批程序，融资时间较长，没有给绝大多数的企业提供融资机会。因此，大多数的企业只能通过间接融资，过多依赖银行等金融机构的资金贷款。此外，企业在银行机构中的信用等级偏低，自身固定资产少，银行出于风险评估的角度一般不会将资金放贷给实力弱、抗风险能力差的企业，导致中小企业难以从银行那里获取满足自身发展需要的资金。

其次，企业融资成本高。即使中小企业成功获得银行贷款，与国有企业和大型企业相比，中小企业还要支付更高的浮动利息，大部分银行对中小企业实行的利息政策会在国家基准利率基础上上浮 30%~70%，这要根据企业的发展情况具体而定。大多数企业在银行贷款无法达到自身资金链需求的情况下，只能通过民间融资来满足资金需求，虽然民间融资方式灵活、效率高，但是法律未确立其合法地位，存在非法状态或者放任失控状态，具有贷款风险，无法为企业提供安全可靠的资金链条。同时，与同期银行利率相比，民间融资利率是其利率的 3~4 倍，如此高的利率将会给企业带来更大的压力。

再次，融资制度不完善。一是国家财政对于企业的倾向力度不足。我国在改革开放 40 多年中，国家财政对民营企业的支持范围不断扩大，努力为民营企业提供充足的资金来源。但是，国家财政对于大型企业和中小企业的支持结构不合理，对中小企业的支持力度稍显不足，这是我国金融制度缺失的突出表现。二是银行对待市场主体存在偏颇。我国的市场主体分为两大类，即公有制经济主体和非公有制经济主体，中小企业多属于后者。银行对于两者的支持力度大相径庭，对于公有制市场主体的重视程度明显高于对中小企业的重视程度。造成这种结果的原因虽然有中小企业自身经营问题，但银行存在的问题更大。

最后，企业的融资担保机构稀缺，机构能力不足。在我国目前的金融市场中，融资担保机构较少，并且金融机构对于担保机构限制条件高。尽管监管部门出台了一系列相关政策，扶持企业发展，但由于尚缺乏良好的信用环境和完善的征信体系且存在民营企业担保能力弱、公司治理不完善、信息不对称等诸多问题，企业依然面临着融资难题。

（三）企业发展的社会服务体系不健全

健全的社会服务体系是市场经济必不可少的组成部分，更是市场主体安心集中力量发展自身的可靠保证。进入经济新常态以来，党和政府出台了各种方针措施建设和完善社会服务体系，在过去成绩的基础上取得了长足进步，在维护企业利益的同时为企业带来了优厚的福利政策，为企业的发展提供了充足的动力。但是，当前我国的社会服务体系仍然存在着种种缺失，这些缺失和短板会对我国企业的发展和进步造成阻碍，这些缺失以信用服务体系和信息服务体系的缺失最为突出。

首先，我国企业信用服务体系发展略显不足，同市场发展要求相差较大。造成这种情况的首要因素便是起步较晚，我国的企业信用体系在 2014 年才开始建立，并在此后出台了相关的政策、措施，包括对信用信息、信用平台、失信惩办等方面的体系建设，为企业的信用建设提供了政策层面上的肯定和支持。虽然企业信用信息公开得到有效的发展和提升，但是各种信息数据分散程度高，整合利用效率低下。对于企业信用信息的查询和掌握，缺乏统一的平台和渠道，在企业申请贷款、获取资金的过程中，贷款单位无法有效查询并认证该企业的全面信息，对企业的信贷能力无法甄别，风险防控难度增大。各大部门对于涉企信息的公开化程度虽然有所提升，但是内部共享机制不健全，各个部门之间的信息披露仍然有所欠缺。此外，部分地区各部门之间的动态信息沟通渠道仍然不畅。因此，政府部门间涉企信用信息制度的短板，使得公共信用信息平台应当发挥的能力大打折扣，增加了企业获取金融支持的难度。另外，信用服务机构不健全也是信用服务体系缺失的一种表现形式。信用评价制度发展不足、信用平台宣传力度不足，导致了企业对信用平台的了解不足和利用率低下。

其次，我国企业信息服务体系存在的局限性，也是影响企业发展的重要因素。信息作为一种无形无价的战略物资，对于一个企业的重要性不言而喻。当前我国信息服务体系中，信息服务方式单一，其提供的内容范围也极其狭窄。我国企业所具有的天然不足如规模小等，必然导致大多数企业忽视信息资源建设，无法针对消费者的消费心理、消费需求进行服务，无法满足他们的个性化需求。单个企业的这种状况，也导致了企业之间无法相互呼应，形成合力，因此也无法产生集聚效应。企业信息服务系统提供的也只是一般性信息，即企业生产过程中普遍遇到的共同问题，不具备指向性，无法解决企业主体的特殊问题。不管是企业自身的信息服务体系，还是我国整体的信息服务体系同样都存在着信息更新缓慢、结构失衡的问题。

二、经济新常态下企业发展的内部环境问题

社会经济环境发生巨大改变，市场竞争加剧，企业在发展中面临的问题日益增多，很多企业难以适应经济新常态。企业不能过分依赖外部环境，要找到自身问题，以便更好地适应经济新常态对企业的新要求。

（一）企业发展的创新能力不足

创新是一个国家和社会向前发展的不竭动力，对于一个企业也是如此，创新就是企业的生命和根基。特别是进入经济新常态以来，企业的生产成本不断上升，消费者的消费需求日趋多样化、个性化，这使得企业必须进行创新。这一时期的企业所面临的创新压力更为巨大，因为企业不仅仅要适应外在严峻的生产条件，还要解决内部诸多的制约生产经营的难题。

首先，企业自身对于创新认知不到位、创新动力不足。我国大多数企业长期以来从事的是劳动密集型产业，生产者科学技术水平不足，产品创意欠缺，管理人员树立的经营理念缺乏科学性，部分企业经营者将企业仅仅看作牟利工具，急于取得经济利益，不具备高瞻远瞩的经营目光，对创新认识不充分。企业的原始创新产品占比极低，大多数企业都是模仿其他企业的创新技术，在没有吸收消化创新技术的基础上对产品进行二次创新，最终导致创新质量不高，产品不具备核心竞争力。

其次，企业研发投入短缺，资金供应不足。同大型企业相比，资金不足是中小企业的天然短板，这也是造成中小企业一直忽视创新、创新投入不足的根本原因。同时，中小企业自身科研实力水平不足，不具备成熟的研发条件，再加上研发创新高风险和回报周期长的特征，使得多数中小企业管理者不重视科研投入，最终造成中小企业研发强度低下，继续走低科技水平、低利润的发展道路。

最后，企业的创新路径不合理。企业资金单薄、创新能力不足是任何优惠政策和措施都无法改变的既定客观事实，改变这一客观事实需要各个企业相互合作，形成产业效应。但是，大部分企业在进行创新的过程中闭门造车，没有与其他企业抱团取暖、优势互补，无法研发出适合企业自身的产品和技术。此外，中小企业同拥有技术的科研院所之间缺少互动，无法掌握最新技术，无法追赶上大企业的发展步伐。中小企业在创新过程中的风险防控方面同样存在问题，主要表现为企业在进行技术创新和产品研发的过程中，对于所要研发的产品和技术的市场调研深入程度不足。诸多企业在进行研发之前的调查研究中，对于消费者的真实需求、产品未来市场和产品盈利空间等诸多核心问题反映不实，使企业研发方向确立错误。因此，企业应该从实际情况出发，确立符合自身的正确创新路径。

（二）企业发展的人力资源短缺

经济新常态下，企业之间的竞争越来越激烈，人才的短缺严重影响了企业的竞争力，由于企业自身特点和种种原因，使企业在人才方面困难重重。根据国际人力资源有关机构的统计，企业正常的人才流动率应该在15%以下，而我国企业人才平均流动率为28%，一些企业的人才流动率甚至超过50%。[①] 可以说人才的高比例流失让企业遭受巨大的经济损失，甚至严重遏制企业持续发展的潜力。具体来说，企业人才短缺的原因有以下几个方面：

首先，资金短缺，薪酬待遇较差。我国企业普遍具有规模小、资金少的特点，企业管理者不愿支付高薪聘请人才，没有设计合理的薪酬机制和激励机制，

① 王姝昕．经济新常态下我国中小企业发展研究［D］．沈阳：沈阳工业大学硕士学位论文，2019.

中小企业在薪酬待遇方面往往低于国有企业和大型企业，难以满足人才的需求，这导致中小企业吸引不到优秀人才的加入，并且造成人才的流失。

其次，规模小，缺少发展空间。我国部分企业业务范围比较单一、抗风险能力弱、在市场竞争中的稳定性较差、没有长远的发展目标，导致企业向人才提供的发展平台十分有限。人才的发展同企业紧密相连，企业的这些特征会让人才感到未来无法施展自己的抱负，为了实现自我发展，人才必然会选择离开。

再次，管理制度不完善，岗位设置不规范。一方面，我国部分企业是家族式企业，这些企业往往没有系统、完整的人力资源管理体系，岗位设置简单，高层管理人员大多数都是家族成员，使人才在企业中的上升空间受到挤压。另一方面，许多人才进入企业后，找不到自己的定位，感受不到被尊重和被重视，对自己未来的发展感到迷茫，当人才在企业工作一段时间后，个人发展规划得不到满足，各个方面都没有获得提升，就会选择离开。

最后，引进困难，教育培训不足。我国企业要转型、要发展必须依靠人才。部分企业缺少培训机制，一味地向外招聘人才，不注重内部培养人才。很多企业的管理者认为对员工教育培训的投入收益期较长，短期内看不到回报，所以几乎不会在企业内部培训方面投入资金，企业员工素质和能力得不到提升，导致企业没有可用人才，难以提高发展水平。

（三）企业发展的管理水平落后

我国进入经济新常态之前，一直依靠廉价劳动力和巨大能源消耗拉动我国经济发展，在这种大环境下，我国企业从生产方式到企业内部管理方式一直处于粗放的状态。当前，我国经济发展进入新常态，企业面临的经济环境发生了巨大改变，大部分企业在管理方面存在一定的滞后性，严重影响了其自身在经济新常态下的转型和发展。经济新常态下我国企业管理面临着以下几个主要问题：

首先，企业所有权与经营权过度集中。因为企业发展初期规模较小、组织结构较为单一，大部分企业的创业者就是经营者，导致企业所有权和经营权高度集中。这有利于企业发展初期的稳定和决策执行，但是随着企业的不断发展、生产销售规模扩大、组织结构更加复杂，企业所有者的管理能力和决策能力会出现局限性，可能导致在企业重大决策上出现失误，但因为企业权力集中在一人手中，即便是错误的决策也会被执行。这种权力的过度集中还会造成企业员工意志消沉，导致下级员工不愿意承担责任。因此，企业权力过度集中会成为阻碍企业发展的因素。

其次，制度的修订完善不及时。我国大部分企业不能随着时代的发展和社会的进步而及时修订完善企业管理制度，许多制度存在的条件已经发生了变化，但企业依旧在实行旧的制度，不能及时调整企业制度中不合理、不规范、不适应的环节，使制度建设明显滞后于企业发展脚步。这些过时的制度会影响企业管理的有效性和企业制度整体的权威性。

最后，制度缺乏可行性。我国部分企业的管理制度比较零散，表面看似完善，实际上却没有从企业实际情况出发来制定相应的制度。有些制度内容形同虚设，起不到规范和指导作用，在企业遇到问题时，管理工作依旧杂乱无章，容易造成员工相互推卸责任的局面，管理工作难以形成规范化。

（四）企业发展的文化建设缺失

企业文化是经济新常态下企业自救与发展的重要因素。企业文化是企业所有员工的思想道德标准，作用于企业生产、管理和经营的每一个环节，是企业核心竞争力的重要组成部分。只有优秀的企业文化才能让企业在恶劣的环境中保存实力、逐步发展，以最好的状态迎接新的挑战。

企业文化建设中存在的问题有以下几点：一是认识不足。当前，我国正处在经济新常态的环境下，很多企业正面临着严峻的经营问题，忽视了企业文化建设。有很多企业家不了解企业文化是什么，没有想过要通过建设企业文化来解决所面临的问题。二是过于形式化。部分企业认为建设企业文化就是写标语、喊口号，注重外在形象的设计，开展丰富多彩的文体活动，组织职工聚会等，并没有真正了解企业文化的真正含义。三是模仿严重。还有许多企业已经认识到企业文化的重要性，但是没有投入精力培育自己企业的特色文化，而是照搬照抄其他企业的文化，没有与企业自身实际情况相结合，导致企业文化缺乏个性，企业和企业文化之间不协调。四是思想观念多样。企业的员工学历、素质、文化等差异大，导致在建设企业文化的过程中员工之间、员工和企业之间的观念发生摩擦，很难形成统一的价值观和思想道德观念。五是整体参与度不高。企业在建设文化的初期，很可能存在个别员工和个别部门对企业文化重视程度不高的情况，对企业文化的认知不全面，进而在工作中消极对待企业文化建设，甚至有的员工认为建设企业文化只是领导的事情，与自己无关。六是缺少长远规划。建设企业文化在短时间内是看不到成效的，有很多企业家在一段时间内没有看到文化建设带来的改变和利益，就不愿继续在文化建设上浪费时间和精力，认为这是无用功，不能从长远的角度出发来看待企业文化。

第二节　经济新常态下企业发展对策

2014 年中央经济工作会议明确指出，经济发展进入新常态，认识新常态、适应新常态、引领新常态是当前和今后一个时期我国经济发展的大逻辑。工业是我国经济的根基所在，也是推动经济发展提质增效升级的主战场。我们必须准确把握经济新常态，坚持走新型工业化发展道路，推进信息化和工业化深度融合，努力发挥工业在促进经济增长、结构优化和动力转换中的主力军作用。

一、把握经济新常态的含义

我国经济进入新常态，是党的十八大以来以习近平同志为核心的党中央综合分析世界经济形势和我国发展阶段性特征及其相互作用作出的重大战略判断。这个判断包含三个关键点：

第一，企业“暴利”时代已经结束，“微利”时代已经到来。

随着中国经济进入增速换挡期，高速增长的时代结束，传统的依靠廉价的劳动力和资源投入获得“暴利”的时代一去不复返了。如今，企业主要依靠信息、知识和技术这些新要素，依靠创新获得比较优势和核心竞争力来获取利润。在全球化竞争的压力下，企业需要对人力资源进行长期积累和投入，利润的获取将更加艰难，那种期待一夜暴富的企业将逐渐被淘汰，而以"积小利"为竞争力的企业将成为常青树、不倒翁。

以现代信息技术、高新技术武装起来的物联网企业将成为企业发展的新趋势。我国物联网产业规模不断扩大，已经初步形成覆盖物联网感知制造业、通信业和服务业的完整产业链，改变着企业的生产、储存、营销全过程，产生新的业态，发展出新的盈利模式，引领企业的发展趋势，并且带来新的创造力和竞争力。

第二，中小企业成为经济新常态的主力军。

第四次全国经济普查显示，全国中小微企业数量达 4800 万户，中小微企业法人单位占全部规模企业法人单位的 99.8%，吸纳就业占全部企业就业人数达 79.4%，中小微企业成为吸纳就业的主力军，拥有资产占全部企业资产的 77.1%，营业收入占全部企业营业收入的 68.2%。[①] 随着国家反垄断的规范化，国家将加大对国有企业、跨国企业垄断的监管力度，依靠行政和技术进行垄断的机会逐渐弱化。国家在财税政策、结构调整、技术创新、创业兴业、服务体系建设等方面将加大对中小企业的支持力度，中小企业将成为我国企业中数量最大、最具内在活力和动力的企业群体，在经济增长、技术创新、增加税收、吸纳就业、改善民生等方面将发挥主导作用。很显然，中小企业已成为新一轮科技革命、产业变革和技术创新的核心力量，成为经济新常态下的重要特征。

第三，企业的国际化成为一种常态。

随着经济全球化和区域经济一体化程度的加深，中国企业的生产要素跨区域流动与配置加速，中国企业通过引资、引技、引智的方式，将新产品、新技术、新模式推向国际市场，在世界各地建立原材料基地、加工制造基地、研发设计基地和营销渠道，尤其是资源、能源、高新技术和先进制造业企业，其国际化、跨国经营不可阻挡。

---

① 全国中小微企业达四千八百万户 "专精特新" 企业茁壮成长［EB/OL］.［2022-08-31］. https://baijiahao.baidu.com/s? id=1742638909363971689&wfr=spider&for=pc.

基于对国际、国内大势的把握，党中央提出了经济新常态这一话题，并且就经济新常态的主要特点做了比较明确的阐释。

（一）经济增长速度方面

经济新常态相比较之前的发展来讲，首先表现在速度上，存在下降或者下滑的问题，我们称为发展速度的换挡。1978～2011 年，我国经济总体上保持了9.8%以上的增长速度，这样的发展速度是世界罕见的。但是这样的发展速度，在面临新时期的一系列挑战和考验时难以为继。由此经济由过去的高速增长转为中高速增长，这是一个客观趋势，是经济新常态的一个主要特点。

保持一个什么样的速度才是中高速增长？从宏观层面来讲，就是保持 7% 左右的经济增长速度，该判断也是党的十八大提出的一个战略目标，那就是到 2020 年，我国的经济总量要在 2010 年的基础上翻一番。这个目标已经如期实现。

（二）经济结构方面

经济新常态下经济结构将进一步优化升级。经济结构包括很多层面，如产业结构、需求结构、城乡结构、居民收入结构。

1. 产业结构层面

经济新常态下产业结构由传统发展模式下的中低端向中高端转换，这是一个主攻方向。也就是说，随着资本、土地等生产要素供给的下降，以及资源环境约束的强化，原先对资本、土地等生产要素要求比较高，并且能耗高、污染严重的低端产业比重将大大下降，而第三产业的比重将上升。2013 年，我国第三产业的增加值占 GDP 的比重已经高达 46.1%，这是第三产业首次超过第一、第二产业。当然，这和主要发达国家相比还是存在差距的，如美国的第三产业占 GDP 的比重在百分之七八十以上。[①]

2. 需求结构层面

从需求结构层面来讲，随着居民收入的提高及社会保障的完善，消费需求会持续增长，从而带来需求结构的变化，也就是从中低端需求向中高端需求转变。

① 王丹竹，管恒善，陈琦. 企业经济发展与管理创新研究［M］. 长春：吉林人民出版社，2017.

当然需求作为整个经济增长的推动杠杆，新的拐点也开始出现，如 2016 年消费对经济增长的贡献率首次超过投资。

3. 城乡结构层面

在城乡结构层面，城乡区域差距将逐步缩小。城乡区域差距的缩小，与我国的工业化、城镇化进程密切相关。有关数据显示，2011 年末，城镇人口比例达到 51.27%，数量上首次超过农村人口，这是城镇化的客观趋势。这个客观趋势也意味着城乡差距将进一步缩小，再加上统筹城乡发展、城乡一体化等措施的出台，将进一步缩小城乡差距。

4. 居民收入结构层面

居民收入的增长问题是一个惠及广大民众的民生问题。也就是说居民收入占比上升，国家发展成果将更多地惠及广大民众。党的十八大报告中提出的"两个增长"就是国内生产总值增长和城乡居民收入增长。当然，这样的增长目标是个平均值，不同行业的增长速度是有差别的，如收入偏高的行业可能增加的幅度小，中低收入行业增加的幅度大，这样会进一步促进社会公平，缩小社会贫富差距。

（三）经济发展动力方面

经济新常态下，我国经济发展的驱动力将发生重大改变。以往的发展模式过度依赖生产要素、投资，这样的发展模式在经济新常态下将会做出调整。调整的方向就是转向创新驱动，我国现在制定的创新发展战略就是这个趋势的反映。

二、明确经济新常态下发展工业的重要性

2014 年中央经济工作会议关于经济新常态的重要判断，准确刻画了我国经济发展的阶段性特征。这是新时期走中国特色新型工业化道路、打造中国工业升级版的大背景，也是加快转变经济发展方式、推动工业发展提质增效升级必须认清的新形势。

（一）工业的发展支撑着经济的平稳运行

40 多年来，我国工业增加值占国内生产总值的比重保持在 33%～45%，工业对经济增长的贡献率基本保持在40%以上。2022年中国工业增加值突破40万亿元大关，占GDP比重达33.2%。①

目前，我国工业化尚未完成，工业仍是推动经济增长的主要力量。随着经济发展进入新常态，我国经济下行压力较大，保持经济稳定增长并处于合理区间依然是当前我国经济发展的主要任务。在这种情况下，工业保持平稳发展，将为我国经济在发展中升级、在升级中发展提供有力保障。

（二）工业是我国经济结构调整的重中之重

当前，我国经济发展中不平衡、不协调、不可持续等结构性矛盾和问题突出，症结在工业、难点在工业、突破点也在工业。消费方面，只有加快制造业向个性化定制、柔性化生产、网络化销售等先进制造方式和商业模式转型，才能满足日益个性化、多样化的消费需求，支撑消费结构升级。投资方面，近年来工业物流、通信等基础设施和新技术、新产品、新业态、新模式的投资机会大量涌现，智能制造、智慧物流、高端装备、工业机器人、新能源汽车等正在成为投资新热点。出口方面，工业制成品在全部出口产品中占比极大，调整优化产业结构和产品结构是提升"中国制造"竞争力的必由之路。就业方面，新兴产业成长与传统产业结构优化升级，正在创造大量的高质量就业岗位，带动整个就业结构的改善。

（三）工业的创新决定了国家整体创新水平

欧美发达国家经验和我国发展实践表明，工业是研发投入的主要阵地，是创新最活跃、成果最丰富的领域，从根本上决定了国家整体创新水平。近年来，我国在载人航天、探月工程、高速铁路、高性能计算机、新一代移动通信等领域取得重大突破，物联网、智能机器人等大量创新性技术被广泛应用于各行各业，创新正在成为经济社会发展的主要驱动力。当前，新一轮科技革命与产业变革风起云涌，工业技术与信息技术即"两个IT"深度融合成为产业发展新趋势。只有加速推进信息化和工业化融合创新，真正把工业发展动力转到创新驱动的轨道上

---

① 工信部：我国新型工业化步伐显著加快［EB/OL］.［2023-03-02］. https://www.gov.cn/xinwen/2023-03-02/content_ s744063.htm.

来，我国工业才能从全球价值链低端环节向高端环节跃升，实现由规模扩张向提质增效的根本性转变。

三、把握经济新常态下工业发展面临的挑战

伴随国内经济下行压力加大和国际经济复苏疲弱态势延续，我国工业结构调整阵痛显现，企业生产经营困难增多，工业运行风险逐步显化。经济新常态下，工业发展既要面对旧问题的缠绕，又要面临新情况、新问题的挑战，对此企业要有清晰的认识和准确的把握。

（一）企业的创新能力亟待激发

长期以来，工业发展主要依靠要素低成本优势，通过引进技术和管理理念迅速形成生产力来实现规模扩张，对关键基础材料、核心基础零部件、先进基础工艺和产业技术基础的重视不够，企业研发投入强度普遍偏低，产业长期被锁定在国际价值链中低端环节。进入信息化时代后，发展先进制造模式所需的高端传感器、数控系统、工业应用软件等基本被国外垄断，核心技术和关键技术受制于人，严重阻碍我国产业从成本竞争向效率竞争转型。特别是由于企业创新能力不足，难以支撑国家抢占国际产业竞争制高点的战略行动。

（二）产业结构需要进一步调整

一方面，传统产业产能过剩矛盾突出。钢铁、电解铝、平板玻璃、水泥等产业供给能力超出需求水平，甚至在光伏、风电等新兴产业也开始出现产能利用不足的情况，产能过剩已经成为困扰我国工业发展的主要矛盾之一。另一方面，新兴产业培育不足。智能制造、增材制造、云制造等发展与国际先进水平差距明显，适应经济新常态的新增长点不多。从区域布局来看，工业发展尚缺乏"全国一盘棋"的统筹协调机制，导致区域产业发展同质化问题严重。

（三）企业的发展环境亟须优化

随着经济增速下行，各种矛盾逐渐显现，市场信心不足，给工业企业投资决策、融通资金、生产经营等造成明显的负面影响。工业行业平均销售收入利润率偏低，由此导致资金、人才等资源大量向金融、房地产、证券等领域流动，难以

吸引到优质要素资源推进工业转型升级。此外，工业领域的普惠性政策不足，诸多创新能力强的中小企业难以获得创新创业投资支持，往往错失企业成长的最佳时期。

（四）国际竞争态势日趋激烈

在新一轮科技革命和产业变革推动下，新的国际产业分工和价值链格局正在形成。发达经济体加快战略调整，推动"再工业化"和制造业回流，对我国产业向价值链高端环节攀升形成巨大压力。其他新兴经济体和发展中国家利用生产要素相对优势大力发展劳动密集型、资源密集型等产业，对我国在相当长一段时期内保留并发展中低端产业形成挑战。同时，国际金融危机后国际规则新体系与全球治理新机制正在重构，如何提升我国在国际标准制定、国际贸易与投资谈判等方面的话语权，将会对我国工业竞争力产生深远影响。

四、打造中国经济升级版工业新篇章

面对经济新常态，我们必须转变观念、提高认识、找准方法、狠抓落实，做好信息化和工业化融合这篇大文章，抢占新一轮产业竞争制高点，打造中国经济升级版的工业新篇章。

（一）培育工业领域新增长点

坚持把推动经济结构战略性调整作为转变经济发展方式的主攻方向，实施创新驱动、质量品牌、强化基础、绿色发展等重大工程，将有潜力的新兴产业加快培育成为主导产业，推动产业结构向中高端迈进，提高工业发展的质量和效益。要充分发挥战略、规划、政策的引导作用，发挥技术标准、法律法规和市场机制的约束作用，加大淘汰落后产能力度，继续化解过剩产能，推动企业兼并重组，改造提升传统产业。要推动制造产业链的专业化、服务化，大力发展工业设计、现代物流、互联网金融等生产性服务业，推动工业向价值链高端演进。要深挖信息消费潜力，加快实施"宽带中国"工程，加大5G网络基础设施投资，鼓励发展电子商务，切实发挥高质量投资和消费需求对经济增长的拉动作用。

（二）重塑工业转型发展新引擎

坚持把增强创新能力摆在首要位置，增强中国工业升级的动力。要围绕深度融合需要，力争在集成电路、新一代移动通信、重大装备、智能机器人等领域，集中突破一批基础性理论和核心关键技术，提高我国工业基础能力与国产智能技术、产品和装备水平。要着力健全国家制造业创新网络体系，支持技术创新、业态创新、商业模式创新等多元创新发展，加快推动工业从要素驱动、投资驱动向创新驱动转型，培育壮大产业竞争新优势。

（三）探索信息化条件下新的生产方式

坚持把发展智能制造作为战略重点，抓住新一轮产业变革浪潮和信息化发展趋势，探索智能制造生产方式，建立信息化条件下的工业生态体系。要以应用为核心、市场为导向、企业为主体，利用信息技术改造传统产业，大力发展智能制造，促进工业全产业链、价值链的信息相互交换和智能协作。要支持工业云服务平台建设和大数据技术应用，鼓励发展基于互联网的众多设计、柔性制造、个性化定制、智慧物流等新型制造模式。要加快部署高速、宽带、移动、泛在的信息网络基础设施，推动物联网、移动互联网、工业互联网发展和应用，有效支持云计算、大数据等创新业务发展。

（四）推动绿色低碳循环发展新模式

坚持生态文明建设与工业文明建设相结合，推动工业文明走绿色、循环、低碳发展之路。要积极支持绿色低碳、节能环保设备和产品开发，提高国产智能产品、智能装备的制造能力，为农业、服务业提供更加节能高效的设备。要加快节能环保、再制造、新能源汽车等产业发展，探索能源合同管理、节能资源协议、高耗能产品能耗限额标准等新模式，加快形成工业绿色发展的长效机制。要大力支持智能电网建设，促进能源资源的优化调配，大幅提高能源利用效率。要以高投入、高消耗、高排放行业为重点，组织开展低碳技术试点，推动建设一批低碳工业园区。

（五）释放工业转型升级新活力

坚持把简政放权作为全面深化改革的突破口，着力深化行政审批制度改革，使市场在资源配置中起决定性作用和更好发挥政府作用，激发企业发展活力。一方面，要做好"减法"，重点清理涉及企业生产经营活动的审批事项，进一步减少工业领域的审批、核准、备案事项；认真梳理并向社会公布"负面清单""责任清单""权力清单"，为企业创造一个更加宽松公平、更有利于企业创新发展的市场环境。另一方面，要做好"加法"，按照宽进严管的原则，从加强依法监管、完善监督检查、提高服务能力、推进行业自律等方面入手，守好安全生产、产品质量、环保标准、用户权益保障等"红线"，将工作重点更多放在制定法规标准、完善基础设施、提供公共平台、更好为企业服务上来。

（六）开辟工业持续发展新空间

坚持统筹国内国际两个大局、两个市场和两种资源，构建工业开放发展新格局。要贯彻落实好国家对外开放新的战略部署，大力支持企业对外投资，拓展化解过剩产能的新途径。要密切跟踪、主动对接上海等自由贸易试验区工业开放发展需求，在"负面清单"管理、产业安全审查、开放环境建设等方面拿出务实举措，以开放促改革、促发展。要积极参与高水平自贸区谈判，全面参与国际贸易新规则的制定，发出更多中国声音，更好地帮助我国企业开拓国际市场，努力在经济全球化中赢得主动。

五、经济新常态下企业发展策略

（一）明确推进经济新常态的目的

有人担心经济增长速度下降会对整个社会发展造成不利的影响。实际上，经济新常态下，我们的经济社会将会有一个更好的发展：一是经济发展将更加平稳、有序；二是民生将得到进一步的改善。更有利于经济发展和民生改善是对经济新常态的积极预期，也是着力推进经济新常态的目的。

1. 推动经济新常态下的经济发展

一个总体把握就是经济新常态将更好地推动经济发展。新常态下经济增长将更加平稳。因为在以往的发展过程中，经济增长较多地依靠投资、出口，这些受国际社会的影响较大，国际社会一旦有"风吹草动"，就会对我国的经济发展产生较大的影响。经济新常态下，我国把主要的增长推动力由投资、出口转向消费，即将消费作为拉动经济增长的重要杠杆或者重要动力。随着居民消费水平和消费结构的转型，消费对经济的拉动作用更加明显。换句话说，更多地将消费作为拉动经济增长的动力将会使经济增长更加稳定，周期性波动也会减少。

虽然经济发展的速度是下降的，但是总量还是上升的，这就是我们所说的经济增长将更加平稳。

（1）物价更加稳定。

物价的稳定与经济平稳增长是有关联的。一般来讲，经济波动越大，物价的波动也就越大。经济平稳增长带来的直接结果就是物价相对稳定。自党的十八大以来，物价增长均在可以接受的范围内。

（2）发展的质量将持续提升。

发展质量与创新驱动战略的推进有直接关系。换句话说，经济增长的质量将成为企业和社会追求的更高目标。这将更好地推进我国经济发展质量的提升。

2. 进一步改善民生

民生问题是社会建设中一直比较受关注的话题。自党的十八大以来，就民生问题，习近平总书记也多次发表重要论述，如保障和改善民生是一项长期工作，没有终点站，只有连续不断的新起点，要实现经济发展和民生改善良性循环。全面深化改革的一个重要导向就是着力保障和改善民生。

经济新常态下的民生改善内容包括：一是就业将更加充分。相比较第二产业来讲，第三产业对劳动力的吸纳能力更强。第三产业在整个经济结构中比重的增加是经济新常态下的一个主要趋势和特征。二是社会保障机制将更加完善。经济新常态下，经济总量的增长将为社会保障提供财政支持，再结合其他相应的改革配套措施，民生问题将得到更好的解决。

（二）经济新常态下企业要抓住发展机会

在经济新常态这样的大背景下，企业要做好自己的事情，同时还要抓住机会。

1. 抓住技术机会

尽快利用现代信息技术和高新技术改造企业，加快转型升级、增速换挡步伐，始终使企业走在经济新常态的前列。

2. 抓住改革机会

混合所有制经济是一种富有生命力的经济形式，经济新常态为企业加快混合所有制结构的建构提供了难得的机会，通过混合所有制的建设，改变企业僵化、缺乏活力的经营体制，将使企业在组织结构上发生革命性的变化，更加充满生机和活力。

3. 抓住政策机会

新型城镇化是拉动中国经济可持续增长的新引擎，引发了社会一系列的变革，巨量的投资、大规模的基础设施建设、中产阶级群体的孕育，为企业发展带来了千载难逢的机会。

4. 抓住市场机会

虽然改革开放已经40多年，但是很多企业尚不会运用市场经济规则和现代企业制度来配置资源、发展自己。党的十八届三中全会通过的《中共中央关于全面深化改革若干重大问题的决定》，强调要发挥市场在资源配置中的决定性作用，为企业提供了机会。经济新常态下企业命运掌握在自己手中，转变发展方式是大多数企业面临的一道坎。顺利跨越则前程似锦；跨越失败则生死难料。

（三）经济新常态下的参考策略

在经济新常态下，企业要更加积极主动地布局，强调内外平衡，把握发展主动权。在价值观上，企业要坚持正确的义利观，有所为而有所不为，既要算经济账，更要算政治账、社会责任账，既注重当前，更注重长远；在经营观上，以多元共赢替代零和博弈的思维模式，坚持互利共赢的开放战略，在追求自身利益的同时兼顾竞争对手的合理关切，在谋求企业发展中促进共同发展；在对外开放战略上，由出口为主转向进出口并重，从货物贸易为主转向更加注重服务贸易，由"引进来"为主转向"引进来"与"走出去"并重；在社会责任承担上，致力于维护和发展开放型经济，更加积极主动地参与企业治理机制完善和规则制定，从原来的被动接受者变为积极参与者。

1. 智谋为先，审时度势

经济新常态改变了企业的经营环境，企业谋发展、做决策，不能凭感觉，而是要关注大势，特别是面对未来的差异化调控，企业应更讲究经营战略与战术。哪些地方该支持，哪些地方不该支持，政府会有所侧重，企业必须审时度势，借势发展。

2. 精专为上，强化主业

扩张的时代过去了，企业也要收缩战线，不能再继续简单扩张，应向着精专方向发展；要立足主业，立足产品，做好品牌；要尽快缩短技术差距，懂得整合资源，缩短新技术的研发时间；要以我为主、为我所用，整合资源，通过收购兼并国内或国际企业，在其技术基础上实现独立创新。

3. 资本为王，纵横联合

经济新常态下的企业应考虑如何使资产尽快地进入资本市场，推动以上市公司为平台的产业整合，以增强自身的国际竞争力。在资本充裕的基础上，储备战略资源，深刻理解商业模式变革，做强实体经济。

4. 创新为本，科技引领

经济新常态的一个重要特征就是将信息、技术融入实体经济中，抓住移动互联网带来的机遇，以信息经济、智慧经济引领企业转型发展，引导企业与互联网接轨，在全球铺设营销网络，大力发展跨境电商。

5. 企业、政府、银行三向联动

经济新常态下的企业要大有作为，政府的作用必不可少。政府的支持和鼓励为企业创造了有利于发展的良好环境，是企业实现超越的保障。政府、企业、银行要共同努力、良性互动、加强沟通、提升信心，这样才能帮助企业通过考验。

政府要帮助企业解决融资成本过高的问题。现阶段，融资成本侵蚀着企业的平均利润，一个主要原因在于银行基准利率过高。要松绑贷款担保条件，释放企业积极性。在当前互保危机频发的情况下，银行对于贷款担保条件的设置越来越严苛，不仅要求企业间互保，有些银行甚至新增了"夫妻双方或重要股东签字"的贷款条约，把企业的有限责任扩大为无限责任，极大地影响了企业家的积极性。因此，政府有责任强化企业与企业间、企业与银行间的信任关系。

要尽快出台适应经济新常态的财政政策和税收政策。高税收已经成为企业的沉重负担，使得作为转型升级主体的企业失去了转型升级的动力。经济新常态下中国企业要顺利度过增速换挡期，进入平稳发展期，必须发挥企业、政府、银行三个车轮的作用，三向联动、相互推动，才能实现中国企业的新常态。

第三节　提高企业整体经营管理质量的措施

随着我国经济发展的速度不断加快，当前整体发展形势较好，但是也存在一定的市场竞争压力增大的问题。各个中小企业在政策扶持的基础上不断完善自身的基础设施建设，为企业的经营提供了有力的保障，同时也为整个市场的稳定运行提供了有力的支撑。企业在实施各项经营活动的过程中，其对整体经营管理方式的使用是非常重要的，能够直接查找企业运行中出现的问题，还能规避风险。此外，建立完善的制度能够为企业的日常运行提供支撑，发展战略及各项内部控制制度的建立也能够解决传统企业运行过程中出现的问题。

从《企业内部控制基本规范》《企业内部控制配套指引》可以看出，企业在日常经营活动中所使用的各项内部控制方式已经有了新的发展趋势，企业在经营活动中需要通过分析当前的市场发展形势，结合自身存在的问题和调查报告数据，帮助企业找到解决问题的途径。基于此，本节从提升企业整体经营管理水平的重要举措角度出发，分析当前企业在经营过程中存在的管理问题，并就存在的问题提出相应的解决措施，促进企业有序发展，以保证企业能够适应激烈的行业竞争，在新时期获得更好的发展。

一、提高企业整体经营管理质量的重要性

当前我国中小企业的发展速度非常快，而企业面临的挑战和困难也在逐渐增加，为了更好地提升企业自身的市场地位和市场竞争力，有必要对企业的整体经营管理水平进行有效的提升。企业需要综合考虑当前的市场经济发展形势并结合自身的经营管理情况制定适宜的发展机制，确保在顺利开展各项经营活动的同时能够有效地提升市场竞争力，同时还能增强自己应对各种外界风险的能力。在全面提升企业整体经营管理水平的同时，企业还可以在实施各项经营活动的过程中发现不足，并就存在的问题制定相应的解决策略，提升服务客户的质量，在满足客户需求的基础上提升企业的品牌影响力。

企业要从多个层面出发，不断提升财务管理人员的专业素养，使其能够在各项企业的管理工作中发挥好监管作用，防止腐败现象的出现。全面提升企业经营管理水平，让企业各个部门的员工能够积极地参与各项管理工作，在企业内部营造出良好的工作氛围，激发员工工作的积极性和主动性。企业通过制定各项管理制度规范员工的行为，对于提升市场竞争力有着较好的帮助作用，同时也能促进企业更好的发展。

二、建设企业内部控制规范体系

提升企业整体经营管理水平的主要措施包括组织架构、发展战略、人力资源、社会责任、企业文化五个方面。这五个方面管理工作中的重点共同组成了经营管理模式，对企业的机构设置产生非常重要的影响。

企业的组织架构需要根据企业总目标，把企业管理要素配置在合理的方位上，确定其活动条件，规定其活动范围，形成稳定的管理体系。

企业在实施各项管理工作的同时需要结合自身的整体发展形势制定出符合企业发展目标的战略规划，就发展过程中存在的各项重要风险进行有针对性地分析并提出应对措施，这样既有利于增强企业的抗风险能力，同时还能有效地提升企业的市场竞争力。

在企业内部控制规范体系建设的过程中,人力资源是必不可少的重要组成部分。当前市场竞争十分激烈,如何有效地利用好人才,将人才转化为企业经营活动的着力点是企业发展的关键。企业的管理者应合理配置人力资源,全面提升企业核心竞争力,帮助企业获得稳定的发展。

此外,企业各项生产工作的稳定推进能够有效地保障员工权益,让员工在安全的工作环境中发挥自己的能动性,保障自己的基础权益。

企业的社会责任要求企业超越把利润作为唯一目标的传统理念,强调在生产过程中关注人的价值,强调对环境、消费者及社会的贡献。

企业文化建设是企业发展的基础,将企业文化建设融入各项经营活动中,能够推动企业发展,为企业的发展提供不竭动力。

三、目前企业整体经营管理存在的问题

(一)企业内部控制意识不足

很多员工对于企业内部控制管理工作的认识不清晰,对于企业管理制度的意识不强,这样非常容易造成企业在实施各项管理工作的同时出现效率低下等问题,再加上员工对于内部控制工作的认识不足,无法直接有效地配合相应工作人员实施相关的工作,影响企业内部控制最终的效果。内部控制意识不足往往也是企业在实施基础的经营管理工作中最容易忽视的问题,甚至给企业的经营工作直接造成不同程度的损失,这会极大地降低企业的管理监督效率。

(二)企业缺乏科学的管理体系

就当前我国绝大部分中小企业的整体发展情况来看,还存在较多的管理体系建设不完善的问题,很多中小企业在实施相应的管理工作的同时还存在沿用传统管理制度的现象。发展缓慢是我国企业普遍存在的一个问题,造成这一问题的原因是很多企业的管理工作人员对于新知识和新技术的认识不够,管理理念落后且知识更新不及时,导致企业一直处于闭塞的状态。此外,绝大部分管理工作者的创新意识不足,认为只要确保企业基础工作的运行就不再需要其他的管理措施,这样的管理形式导致绝大部分的企业员工工作积极性和主动性不高,给企业后续

各项制度的实施带来了一定的困难。

（三）管理者的专业素养有待提升

完善的内部控制是企业整体经营管理水平提升的重要支撑和保障。但就目前来讲，存在以下问题：企业管理者不注重员工的专业性选拔，企业没有制定相关的人才选拔要求和标准，忽略了企业经营对其他技能的要求。此外，当前绝大部分企业制定的发展规划并不完善，导致其发展方向不稳定、发展定位较为盲目，在市场竞争中长期处于劣势地位，经营活动无法正常进行或者是出现严重的资源浪费等情况。导致这些问题发生的主要因素是"企业的管理部门在实施管理工作的同时无法正视自身存在的问题"①，不能有效地结合当前的市场发展情况选择适宜的发展规划，不能从市场角度出发完善企业经营管理制度。以上这些问题严重阻碍了企业的发展。

四、提升企业整体经营管理质量的举措

（一）强化企业整体管理工作

全面提升企业整体经营管理水平的措施需要从组织架构、发展战略、人力资源、社会责任、企业文化五个方面进行。就当前企业整体管理工作的实施情况来看，很多企业在发展的过程中也逐渐意识到经营管理工作的重要性，在企业发展的过程中也结合自身的具体情况制定了相应的经营管理制度。为了更好地解决当前企业在经营发展过程中存在的管理工作不到位的问题，需要从以下方面进行综合整治：将企业的人力、物力有效地结合起来，制定出具有权威性的管理制度，同时需要不断地完善这些规章制度，确保企业日常工作有序开展。此外，企业还需要结合当前的经济发展形势，分析自身在发展过程中存在的不足，找到问题根源和解决问题的方法，使企业获得更加稳定的发展。

（二）加强企业管理会计职能

会计管理工作的实施是企业日常财务工作的重心，能够帮助企业管理者分析

---

① 杨金明. 全面提升企业整体经营管理水平的重要举措分析［J］. 全国流通经济, 2021（34）: 64-66.

经营情况。具体可以通过完善企业内部控制环境、建立健全风险评估体系、完善企业内部信息沟通环节，帮助企业提升管理水平。因此，为了提升企业的核心竞争力，减少资源浪费等情况的发生，需要企业加强管理会计职能，确保经营管理全过程的风险得到有效控制。在提升财会职能的同时，可以根据《企业内部控制基本规范》《企业内部控制配套指引》完善内部控制制度的建设工作。此外，还可以结合企业的实际发展情况设置相应的部门，确保每一个部门的内部控制工作的实施都能够满足企业经营管理要求，为企业的整体经营管理工作营造一个良好的氛围。

（三）完善企业监督管理机制

当前各中小企业之间的竞争十分激烈，为了能够顺应时代的发展，企业应当结合自身的发展方向制定出相应的监督管理体制。企业内部监督管理体制建设能够有效地提升管理人员的工作效率，保证企业日常工作的质量。内部监督管理体制的建设需要综合考虑企业日常经营管理工作中的各个环节，如各项预算、合同管理、内部信息传递及信息系统建设等，应结合企业的实际发展情况建立相应的企业内部控制制度。同时，还要结合企业内部员工的整体发展情况和实际需求制定相应的激励机制，激励机制的建设能够有效地调动员工工作的积极性和主动性，让员工主动地参与企业内部监督管理工作，帮助企业实现内部监督目标。

此外，为了更好地提升企业整体经营管理水平，企业除需要制定和完善相关制度外，还应当提升企业管理人员的综合素养，构建一支高水平的管理队伍，提升管理效果。具体可以通过定期开展相关的技能培训工作提升管理人员的整体素质和素养，让管理人员在掌握企业内部会计控制专业知识的同时，也能了解当前新的企业管理理念；加大对于人才的引进力度，为企业后续发展奠定坚实的基础。

（四）ERP 管理系统落地实施

ERP 管理系统是一种新型企业管理模式，使用 ERP 管理系统能够帮助企业解决传统的过量生产、生产材料浪费等问题。ERP 管理系统根据生产企业的特点能够对企业的各项经营活动进行规划，并形成相应的采购清单，能够保证企业基本的生产工作有序进行，同时还不会产生大量的库存，对于企业规避经营风险有着较好的帮助作用。对 ERP 管理系统的使用可以优化企业的业务流程，提高企业管理水平，对于提升企业核心竞争力有着非常重要的帮助作用。因此，企业可以利用 ERP 管理系统，为企业的生产经营和管理工作的顺利开展提供有力的支撑和保障。此外，管理者还需要将现代信息技术运用在经营管理工作当中，提升管理效率，为企业创造更多的发展价值。

综上所述，企业的经营管理是一个长期过程，为了更好地提升核心竞争力，确保基础管理工作的顺利开展，企业需要管理者正视自身在管理和经营工作中存在的问题，并制定出相应的解决策略。通过建立完善的控制制度，提升管理人员的综合素养，利用现代化的经营管理体系，为全面提升企业整体经营管理水平创造有利的条件。

第四节　新经济形势下企业管理创新的主要路径

在经济高速发展的时代，各大企业都要面对新的挑战。新的经济环境下，企业要如何把握机遇，应对新的挑战和困难，这是企业能否健康持续发展的先决条件。从目前我国企业管理状况来看，大多数企业仍在沿用传统的管理方式，从而导致企业的创新动力不足，企业经营管理效果也很差，这对企业的健康、稳定发展造成了很大的阻碍。因此，在新的经济形势下，各大企业要积极探索新的企业管理模式，以保证企业管理的有效性；让企业在不断地创新和发展中朝着正确的方向前进。

一、新经济形势下企业管理创新的重要意义

经济新常态是指以对称的经济结构为基础的经济可持续发展。经济新常态强

调的是"调结构稳增长",而非总量经济增长;关注的是经济结构对称态及在对称态基础上的可持续发展,而不仅是 GDP 的增长、人均 GDP 的增长和经济规模的最大化。经济新常态的本质就是以增长促进发展、以发展促进增长的经济状态。一个国家在经济危机爆发之后,经济运行的转型期通常被称为经济新常态。所谓"旧常态",就是一种以低成本为动力的粗放型、数量型、扩张型的经济状态。新常态是指向集约型、质量型的转变,这也是"新常态"与"旧常态"的区别。

在经济新常态下,企业要顺应新时代的经济发展趋势,不断地调整管理发展方针和策略,以确保企业在竞争激烈的市场环境中始终保持自己的地位。如果企业不重视经济新形势,不进行有效的企业管理创新,就会导致发展跟不上时代,被其他具有创新性的企业超越。因此,企业要实现长期的发展,必须正确而深刻地理解经济新常态下企业管理创新的重要性,保证创新内容与时代发展要求相适应,保证创新的企业管理方法与企业的发展状况相适应,从而最大限度地减少市场对企业发展的冲击。

二、新经济形势下企业管理创新的现状

(一) 对企业创新管理缺乏真正的认识和行动

企业今后的发展趋势和水平与企业的创新能力和水平有着密切联系,尽管大多数的企业管理者都意识到了企业管理创新对于企业的发展十分重要,但在经济新常态下,许多企业还是一味地空谈创新,却没有实际行动。造成这种现象的主要原因是企业管理者没有足够重视企业管理创新,以及缺乏有效的宣传,使得企业的管理创新意识不强。当前,大部分企业在经营管理上还存在着缺乏创新气氛和创新意识等问题,以致企业出现了停滞不前的情况,这将为企业今后的发展埋下隐患。企业的管理创新并非一蹴而就,需要企业提供大量的资金、人力支持,但部分企业管理者却只注重眼前利益,没有考虑到企业管理创新将会为企业今后的发展带来很多好处。

（二）管理制度不健全及管理方法不合理

在经济新常态下，管理制度不健全、管理方法不合理等问题是我国大部分企业的问题，这些问题将直接影响企业的管理和效益。根据大部分企业管理现状来看，在市场经济制度日趋完善的今天，有些企业的管理水平与其发展的步伐、趋势相差甚远，许多企业只注重自身的经济发展情况，而对内部管理不重视。企业要有长远的发展计划，但多数企业在制定发展规划与管理体系时，并未充分考虑到各发展阶段的具体情况与特点，所制定的战略与制度不科学、系统，管理上也有许多不足之处，这造成了一些企业难以取得大的进步。另外，许多企业在建立人力资源管理体系时，忽视了人力资源管理制度的建设，往往采取不科学的手段或硬性的方式来管理员工。目前，我国企业的职工福利制度、激励机制、薪酬制度等尚不健全，而且在人才培养上也有不足之处，难以激发员工的积极性。员工的主观能动性与积极性是决定企业管理水平和能力的重要因素，而缺乏对员工的激励与管理则会导致出现工作态度不认真等问题，从而对企业的长期发展产生不利的影响。

（三）专业管理人才和创新人才短缺

企业专业管理人才和创新人才短缺是十分突出的难题。企业管理者和决策者往往把精力集中在企业的长期发展与发展策略的制定上，而忽视了管理创新，特别是在一些小型企业中这种情况尤为常见。小企业规模小，流动资金少，经营成本低，管理人才水平不高，缺少一整套的管理程序与框架，缺乏对管理者行为的制约，往往导致如管理不到位、管理效率低等问题。之所以出现这样的情况，很大程度上是因为企业没有投入大量的人力、物力去培养企业管理人才。在新时代企业发展过程中，有些管理者还保持着原有的管理观念和管理模式，于管理者对市场的重要信息掌握不到位，也造成了企业缺少创新的驱动力。企业缺少具有创新性的管理人员，容易给企业带来不利的影响，从而限制企业的发展。

（四）企业管理模式和管理流程比较单一

我国的企业普遍存在着管理方式单一的问题，企业在管理中缺乏一套完整的管理流程，而企业的管理者仅凭多年的经营经验来管理企业，缺乏对创新管理的理解。很多企业管理者采用了严格硬性的管理方法来管理企业员工，他们通过树立威严来迫使员工积极工作。管理流程和实施方案都是通过上级向相关人员传递指令，相关人员再分派到各部门实施，具有单一化的缺点。每一家企业的发展策略和发展目标都要根据企业的发展历史和现状来制定，而每一个发展阶段的发展目标都是不一样的，只有与时俱进，才能更好地适应不同的管理模式和发展需求。在实际管理中，由于管理方式比较单一，通常情况下，决策制定仅要求管理者将管理问题与发展需求结合起来并制定一份报表供决策层参考即可，这样的管理方法太片面了，不能从整体思考，也不能认真听取下级职工的意见和建议，这使得企业的管理模式只限于管理人员根据自我认定的企业发展状况进行决策，使企业管理缺少了存在的意义。

三、新经济形势下企业管理创新的具体措施

（一）战略创新——制定科学的企业整体战略

企业整体战略的制定包括以下方面：一是制定企业发展战略。在经济新常态形势下，企业面临着资金、地域、政策等方面的严峻挑战，企业要根据自身的实际，适时地进行战略调整。在资源有限的情况下，企业要制定合理的发展策略，以最大限度地利用现有的资源，达到最大的效益。二是制定人才培养战略。技术是企业重要的生产力，而人才也是重要的生产力。企业要想持续健康发展，必须制定高素质的人才培养战略，把人才的引进和培养提高到一个新的水平，使企业的核心驱动力量得到最大限度的发挥。在企业发展的同时，要注重对员工的培养，以满足员工的需求，提高员工对企业的认同感，通过激励员工的工作热情，为他们提供展现自己的机会，使他们的工作积极性得到最大限度的发挥，从而达到培养人才的目的，提高企业的核心能力。三是实行有效的目标管理战略。目标管理是一种激励机制，它可以有效地激发员工的主动性、创造性和积极性，并能有效地激发他们的工作热情。目标管理应从建立管理目标和工作方案入手，然后逐级划分，完成目标和任务，最后进行测定、评价、考核和总结。企业目标管理的制定，有利于将工作任务、职责层层分解，实现责任明确、奖

惩分明。

（二）模式创新——创新企业管理模式

在经济新常态下，市场因素是很难被企业所掌控的，因此在企业发展期间，要根据市场的变化，正确把握自己的发展方向。传统的经营模式明显不能适应新时代的发展，以往的经营模式主要是以人力来管理，效率低下，而且这样的管理模式往往导致在管理中出现人为失误，对企业的管理水平和发展有一定的影响。目前，企业普遍存在着经营模式单一的问题，要改进僵化的管理方法，应对各个环节进行精细的管理，采用刚柔相济的方法。企业管理者要多听取基层职工的意见和想法，基于对员工的建议和实际想法，并与目前的管理状况相结合，将相关的报表提交决策部门；决策部门结合企业的实际情况和员工的建议，制定合理的发展策略和管理流程。目前，各个行业都运用了信息技术，企业可以充分发挥信息技术的优势进行管理创新，从而达到更好的管理效果。运用信息化技术对企业发展的各种数据进行分析，实现"以数据说话"，以真实、准确的数据为依据，做出相应的管理决策。同时，运用信息化技术对企业进行经营管理，可以有效地提高企业的管理效率，还能建立完善的信息系统。在企业的绩效评估中，仅注重员工的工作成果，很容易造成管理的片面性和效率低下。因此，运用信息化技术，可以建立起一套基于网络的绩效考评信息系统，对员工进行全面的了解，并进行实时跟踪，为今后的员工管理工作奠定良好的基础。

（三）制度创新——建立健全企业管理制度

企业的管理制度关系到企业今后的发展方向和发展水平，是企业管理的重要环节，与企业的创新和经济效益有着密切的联系，并且健全的管理体系也是企业管理的核心内容。要建立一套科学的管理制度，必须根据当前的管理状况和今后的发展趋势，适应时代的发展特征；要始终掌握市场动态，适应市场发展的需要，这样才能持续地进行创新与发展。企业的管理人员要根据时代的发展趋势，不断地调整和优化现有的管理体系，不断地改进现有的管理制度，从而规范企业的管理过程与管理体系。要增强企业的风险意识和防范意识，建立相应的风险预防制度，提高管理者和员工的竞争意识和创新意识，最大限度地避免各类风险。

企业管理人员要建立健全员工招募与培训制度，增强员工的创新意识，并建立起企业内部的激励机制，完善员工的晋升制度，培养出符合企业发展目标的创新型员工。此外，企业管理人员还应把绩效考评和薪酬相结合，以有效地激发员工的工作积极性。

（四）意识创新——增强企业管理者与员工的创新意识

首先，要增强企业管理者的管理创新意识，企业管理活动涉及方方面面，管理活动比较繁杂，因此企业的管理人员必须根据当前的经营状况、企业的发展趋势和发展要求，不断地创新调整工作模式。企业管理者是企业发展的关键人物和指导者，只有当管理者拥有较强的创新管理能力时企业员工才会为企业的创新管理与发展做出贡献。其次，在企业的管理中要加强对创新发展的宣传，如举办各种会议、张贴有关的宣传报等，使创新管理的观念深入员工心中。企业管理者要调动全体员工积极参与企业管理，为企业管理做出自己的贡献。在经济新常态下，面对日益激烈的市场竞争，企业应从市场发展的角度出发进行理性的分析，并对其未来的发展做出规划。此外，管理者应为员工营造良好的管理氛围，以提高员工的创新积极性。

（五）人才创新——加大创新型人才的培养力度

"企业管理人才的素质、能力、创新意识，是企业管理活动和业务开展的关键。"[1] 在企业的管理工作中，既要注重员工的创新意识，更要注重员工的素质教育，企业应投入大量的资金和时间培养员工。首先，企业管理者要建立与之相适应的用人准则，营造一个充满创新的环境和氛围，激发员工的创造性能力。其次，企业管理者要增强人才培训力度，学习外国先进的管理方式，鼓励企业员工参加培训，培育大批创新型管理人才，促进企业创新发展。最后，可以通过与高校合作，从学校引入优秀的人才，对于符合工作要求的大学生和毕业生，通过对其进行职业技能培训，提高企业的创新管理水平。

综上所述，管理创新对于企业的生存与发展至关重要。在经济新常态下，

---

① 尹晓霞. 经济新常态下企业管理创新路径分析［J］. 商场现代化，2022（22）：89-91.

企业要想获得更大的发展，就需要不断地寻求创新之路；企业只有不断地进行管理创新，才能适应时代的发展；只有不断地适应新的市场环境，才能持续提升企业的竞争能力。因此，要实现企业的持续、健康发展，必须进行管理创新。

第三章　新经济环境下企业
发展战略管理

随着经济的发展和社会的进步，我国社会正处于转型过程之中，企业要实现长期的可持续发展，就必须充分应对这些挑战和变化，重新审视战略管理与战略选择。为了强化我国企业的战略管理意识和提高战略管理水平，本章在吸收国内外企业战略管理理论和实际操作经验的基础上，系统、完整地分析研究了企业战略管理体系，以期为我国企业战略管理提供借鉴。

第一节　新经济环境下企业战略管理
面临的挑战

当今时代是环境剧变的时代，是超强竞争的时代。知识经济和互联网技术的快速发展，既为企业战略与管理提供了强大的工具，也使得企业间竞争变得更为复杂。本节基于企业战略管理面临的挑战，阐述企业战略管理的含义、特点、任务和过程，及不同层次企业战略的含义和基本任务。

进入 21 世纪以来，企业战略管理至少面临四个重要挑战，分别是全球化、技术创新、知识经济和企业伦理，如图 3-1 所示。

图 3-1 企业战略管理面临的挑战

一、全球化的机遇与挑战

全球化为企业带来了机遇。首先，全球化可以为企业带来成本优势。在全球拥有福特、林肯、水星、马自达、阿斯顿·马丁、路虎等著名品牌的福特汽车在采购零部件时就可以充分利用其规模经济来降低成本。麦当劳在全球推广其成功的商业体系时则可以冲减该商业体系的设计成本。其次，全球化可以为企业带来更多的市场机会，沃尔玛、通用汽车、微软、海尔等企业都试图在全球范围内运作，它们一方面是为了有效配置资源，另一方面是为了寻求市场机会。最后，全球化可以为企业提供学习机会。通过全球化，企业将在更为复杂的环境中同更多的企业竞争，这将使企业学到更多的技术，从而变得更富有竞争力。

在为企业提供机遇的同时，全球化也对企业提出了更高的要求。首先，全球化对企业提出了更高的标准，这就意味着企业要不断进取，以完善其在质量、成本、产品推出时间等诸多方面的不足。其次，全球化意味着更为激烈的竞争。以美国汽车行业为例，如今海外竞争者已经占有美国 30% 的汽车市场份额，高档车的市场竞争则更为激烈。最后，全球化意味着更大的风险，全球化的进程越快，遇到的问题就越多。巴林银行进军亚洲市场就是一个典型的例子，由于误判经济形势，最终造成巴林银行破产。这就要求企业进行周密的计划，选择适当的市场，采取有效的战略，开展成功的运营活动。

在全球范围内运作、寻求市场机会和资源配置确实是一项极具挑战的任务，全球化经营并不是企业战略竞争力的唯一来源。对于大多数企业来说，更重要的是立足本土市场，最恰当地实现国内市场和国际市场的平衡才是企业最为理想的全球化状态。

二、技术创新的机遇与挑战

技术创新是经济和社会发展的原动力，正在推动全球经济加速前进。对于单个企业来说，技术创新既带来了机遇，也带来了挑战，值得我们高度重视。

（一）技术进步与技术扩散的机遇与挑战

在过去的 20 年里，技术进步的速度大大加快，"永久创新"一词被用来形容信息密集型技术快速和持续地替代旧技术的局面。

技术扩散[①]的速度也大大加快。技术扩散的加速使得专利技术不能成为企业竞争优势的来源，使得产品趋于同质化，产品的生命周期大大缩短，那些有能力不断推出新产品的企业才能拥有竞争优势，技术创新扩散理论模型如图 3-2 所示。

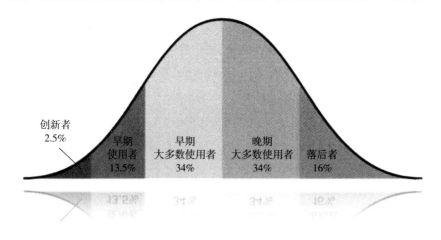

图 3-2　技术创新扩散理论模型

---

① 技术扩散是一项技术从首次得到商业化应用，经过大力推广、普遍采用阶段，直至最后因落后而被淘汰的过程。

（二）信息技术的迅猛发展为企业创造了战略机会

近年来，信息技术的迅猛发展使得信息技术的成本不断下降，可靠性不断增强，为各行各业创造了战略机会。信息与战略的关系表现在三个方面，如图 3-3 所示。

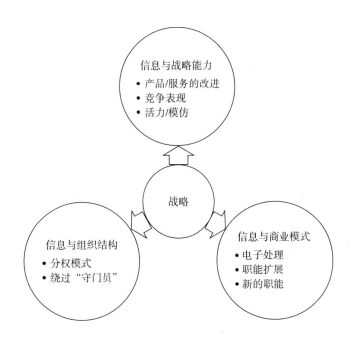

图 3-3　战略与信息

1. 信息与战略能力

借助于信息技术，企业可以改进产品和服务，如企业可以借助即时记账系统提高服务质量。在竞争表现方面，通过采用信息技术，企业可以降低与顾客、供应商和分销商进行交易的成本，也可以为顾客提供个性化服务。信息技术的使用有利于企业对稀有资源的开发和利用，核心竞争力的复杂性也会因此而降低，这就使得核心竞争力被模仿的难度下降了。

2. 信息与商业模式

信息技术的使用不仅可以改善传统的商业模式，如在网上进行电子采购或电子拍卖，提高效率，而且可以实现传统商业模式不能实现的功能，如提供一个合作平台让客户和供应商一起进行产品设计。

3. 信息与组织结构

信息技术的使用可以使组织中信息的传递绕过不必要的"守门员"，从而有利于企业组织结构趋于扁平化。

三、知识经济的挑战

在 21 世纪的竞争格局中，知识是一种重要的组织资源，并且由于知识根植于组织文化之中，难以被竞争对手模仿，因此知识越来越成为竞争优势的重要来源。

因为环境的不断变化，企业必须具备战略灵活性，必要时还要转移战略方向。这要求企业不断地学习，持续地创造知识，有效地转移和共享知识。

培育组织的学习能力是战略管理面临的新挑战，因为只有不断地学习，才能不断地为组织积累知识，从而适应不断变化的环境。

四、企业伦理的挑战

企业伦理是企业从事经营活动所遵循的道德规范，是企业在处理内部员工之间、企业与顾客、供应商、竞争者等外部利益相关者之间关系的行为规范的总和。伦理不同于法律，法律是企业必须遵循的行为规范，伦理则是倡导性的行为规范。与个人的道德规范一样，人们总是希望企业表现出良好的道德行为。

当今企业战略管理面临的伦理挑战与企业是否应当承担社会责任的争论有关。赞成者的依据主要包括公众期望、长期利润、道德义务、公众形象、更好的环境、减少政府管制、责任与权力的平衡、股东利益、资源占有、预防胜于治疗等；反对者的依据主要包括违反利润最大化原则、淡化使命、成本和权力过大、缺乏技能、缺乏明确的责任等。从思想本源上说，两种观点分别来源于社会经济学和古典经济学。古典经济学观点认为，企业是一个经济机构，其唯一的社会责任就是利润最大化；社会经济学观点则主张，企业的社会责任不只是创造利润，还包括保护和增进社会福利。

因此，"一个有道德的企业应当从战略上重视人性，关心员工，致力于社会和谐，积极采取对社会有益的行为"①。以加里·哈默尔为代表，他认为竞争优势的真正源泉在于企业的核心能力，即"组织的积累性学识，是能够提供给消费者特殊价值的一系列技能和技术的组合"。战略管理的主要因素是培植企业对自身战略资源的运用能力，通过一系列的组合和整合形成自己独特的，不易被人模仿、替代和占有的核心能力，获得持续的竞争优势。正是受到核心能力理论的影响，波特在后来的理论研究中提出了价值链分析工具，试图从企业内部寻找竞争优势的来源，弥补以往学者对企业内部因素重视不够的缺陷。

第二节　企业文化战略管理创新

企业文化指在不同的背景下形成的符合企业自身发展目标的企业价值观，企业内部成员的行为受到这种共同价值观的影响，以此价值观作为行动标杆进行工作，达成企业共同目标，推进企业的成长和发展。

随着社会的发展，企业文化对企业的影响越来越明显，只有建立优秀企业文化的企业才可能生存并发展；同时，企业还要根据环境的变化不断地调整和改变企业文化，以适应外部环境，保证企业得以生存并完成经济目标。

当今社会的优秀企业都拥有符合自身特点的优秀企业文化，由此看出企业文化对于一家企业的重要性，如何制定和实施企业文化战略就显得尤为重要。

一、企业文化的概念与建设原则

企业文化是企业员工共同价值观的体现，它可以对企业员工的行为进行无形

---

①　王喆．新经济环境下现代企业战略管理研究［M］．北京：中国商业出版社，2018.

的引导和约束，促使企业内部员工一致向目标前进。由此看出企业文化对于企业发展的重要性。然而，很多企业在建立企业文化时毫无章法，缺乏系统性和针对性，这就导致企业文化的建设无法对企业发展起到良好的推进作用，因此有必要对企业文化战略管理机制进行总结，为企业文化的建设提供启示。

（一）企业文化的概念

组织文化在企业组织中被称为企业文化。这一词汇的首次出现是在 20 世纪七八十年代，由美国管理学专家经过分析、总结得出。企业文化可以理解为一套完整的企业体系，在不同经济、社会、文化背景下建立的企业，通过长期稳定的发展形成的一套符合自身情况与企业目标的企业价值观，以及围绕此价值观建立起的行为规范、道德准则、群体意识等。由此看出企业文化是企业内部形成的共同观念体系，是企业内部人员之间的共同理解。因此，企业内部人员，不分职位和地位对企业文化的描述几乎都是相同的，因为这是一种企业内部的共同概念。在企业中，随着企业的不断发展和内部更新，会有新的价值观、行为规范、道德准则等产生，当这些观念和行为准则被全体成员接受后，就会成为企业内部的共同观念，进而融合企业文化。企业文化不仅影响企业基层员工，同时会对企业管理者产生影响，企业管理者在进行决策时会受到企业文化的影响，这体现在企业的各种行为准则和组织外在形象中。

目前没有标准的规范用来测量企业文化，但一般可以从以下方面对企业文化进行识别：

（1）成员的同一性，指企业成员与企业保持一致的程度。

（2）团队的重要性，指工作是围绕团队组织还是围绕个人组织的程度。

（3）对人的关注，指企业管理者在做出管理决策时对企业成员关注的程度。

（4）系统的开放性，指组织掌握外部环境变化并对这些变化及时做出反应的程度。

（5）单位的一体化，指在企业运作中，企业中各单位协作或相互依存的程度。

（6）风险的承受度，指企业鼓励员工进取、革新及冒险的程度。

（7）控制，指规章制度的完善程度。

（8）报酬标准，指与资历、偏爱或其他非绩效因素相比，以员工绩效决定工资增长和职位晋升等的程度。

（9）冲突的宽容度，指鼓励员工自由争辩及公开批评的程度。

（10）过程—结果的倾向性，指企业注重结果或过程的程度。

根据以上十个方面的描述，可以大概了解一个企业的企业文化形象，但这只是一种描述，并不能通过这些对一个企业的文化进行优劣评价。

（二）企业文化的建设原则

1. 以人为本

企业文化的根本是人。在文化建立和传播过程中，人都是最基本、最不可或缺的要素。企业文化的载体不只包括企业的管理者，同时还包括企业的全体员工。企业文化建设要注重关心员工、尊重员工、理解员工和信任员工。建立企业文化，就要让企业员工产生相同的企业价值观，树立一致的发展奋斗目标，这样才可以凝聚全体员工的力量，使企业成为一个具有强烈向心力的组织机构，从而才能产生团体意识、形成企业文化。

2. 表里一致

企业文化有时会出现表里不一的现象。企业文化是企业的一种意识形态，它通过企业的外部形态及企业员工的行为方式来展现，有时企业文化的内涵和企业的外部表现会出现不一致的地方，这就会对企业造成不良影响。要想避免这种表里不一，就要让员工深刻理解企业文化的含义，从思想观念上接受企业价值观和企业思想体系。企业文化表里不一，不利于企业的发展建设。

3. 注重个性

每个企业的文化都具有自身的特点，这是企业文化的重要特征。企业文化是随着企业的发展而形成的，根据企业不同的发展方向和经营方式形成具有自身特点的企业文化。企业应该利用企业文化的特异性，建立只属于自己的企业文化，并凭借该特点增强企业竞争力，吸引客户与企业建立关系。

4. 重视经济性

企业属于经济组织，因此企业文化也具有经济性。企业文化的经济性可以理解为企业文化要为企业的经济活动服务，企业文化的建立要适应企业的盈利目标，能够提高企业的经济效益和生产力，有利于企业的健康发展。表面上看，以上这些和经济没有直接关系，但是建设和实施这些内容的最终目的是创造经济效益并达到企业的经济目标。

5. 继承传统

企业文化的建设应该在继承传统文化的基础上进行，凭空架设出的文化体系没有可以依存的根基，很快就会失去活力而消亡。以传统文化为基础进行创造，是指对传统文化进行借鉴，弃其糟粕，取其精华。我国传统文化中的民本思想、平等思想、务实思想等都值得企业参考借鉴。社会主义民主的本质是人民当家作主，因此企业文化的建设要以民本思想为根本，促使员工可以自觉主动地参与企业的管理，这样可以促进企业更好地发展。以这种思想作为根本的企业，可以为员工提供公平的竞争平台，有利于激发员工的主观能动性。务实精神要求人们实事求是、谦虚谨慎、戒骄戒躁、刻苦努力、奋发图强。将务实精神融入企业文化中，会形成艰苦奋斗、勇于创新的企业文化，会大大激发企业的创造力和生命力，给予企业新的生产动力。

二、企业文化与企业战略的关系

企业文化在企业战略实施中占据着重要的地位，企业文化对企业发展的推进作用通过企业管理的实施得以表现。优秀的企业文化可以为企业战略的实施提供良好的条件，同时推动企业战略的顺利进行，以此达到企业长期稳定发展的目的。

（一）企业文化引领企业健康成长

企业要想可持续成长就应该建立支撑企业可持续发展的内在机制。这种内在机制至少包括两个基本点：一是企业的核心是可持续成长，企业的行为和战略都要围绕这个核心开展；二是公司的管理者应该深刻认识并认同这一核心价值观。

为了保证企业可持续成长的内在机制顺利运行，企业应建立相应的企业文化，使企业人员拥有追求企业可持续发展的共同价值观，企业员工会以此为目标规范自己的行为，保证企业发展战略的顺利推进。建立这样的企业文化，在遇到前进阻碍时，企业员工会团结一心地突破难关，实现目标。

（二）企业文化约束企业发展战略

企业文化的建立是在企业成长和发展的过程中逐步完成的。可持续成长企业的核心价值观就是追求企业的可持续性。在不同的外部条件及发展阶段下，企业也会对企业文化做出相应的调整和改变，以适应环境的变化，保证企业的健康发展。由此看出，企业文化与企业一起成长和变革，企业文化不仅是企业发展的表现，同时也是企业成长的动力。

企业要想切实地实现可持续成长的发展目标，就要不断积累能量并产生质变。企业要想不停地成长，关键就在于持续输入新的活力，也就是持续不断地创新。企业的创新应从思想创新和文化创新开始。当企业面临环境不确定及信息不完整的情形时，就需要企业文化的支持，按照企业文化核心价值观的要求决策可以保证决策方向的正确性。

企业文化对企业员工的行为进行规范，能促进企业的可持续成长。企业文化指导企业管理人员实施正确的决策，将企业的核心目标放在生存与发展上，要在保证企业生存的基础上谋取更多的利益和成就。

（三）企业文化引导企业战略决策

企业文化可以引导企业管理者做出正确的决策，使企业向着正确的方向成长，有效地避免了一些发展道路上的陷阱；同时，企业如果遇到陷阱，企业文化可以帮助企业管理者及时察觉危机、处理危机。企业文化对企业的影响和帮助在企业进行战略转变时表现明显，企业文化通过共同价值观的力量帮助企业选择正确道路，实现企业的可持续成长。

企业生命周期一般分为培育期、成长期、成熟期和衰退期四个阶段。处于不同阶段企业的内部结构、运营模式等都不同，所以处在不同阶段的企业具有不同的性质特征。企业的可持续成长伴随着量变和质变。量变会带动质变，带动企业的改革与创新；质变推动量变，引起企业扩张。企业生命周期四个阶段之间的转折点是量的积累达到一定程度后引起质变的关键点，这尤其体现在由培育期到成长期和由成熟期到衰退期之间的转折点，要想实现企业可持续发展就要在这些转折点进行正确的决策判断。战略转折点可能为企业带来机遇，同时也可能带来危机，因此企业文化在战略转折点的作用十分重要。

企业在进入成长期时，便会发现市场充满机会，前一时期的积累也为企业提供了扩张的基础。此刻企业管理者很可能只看到了机会而忽略了危机，从而掉入冒进陷阱。企业文化的作用在此时就得以发挥了，企业文化的核心价值观要求企业管理者切勿冒进，不能只看到眼前利益就进行盲目的扩张和多元化，应该按照企业核心价值观的要求冷静看待所处环境，加强企业的稳定性，进而促进企业的成长。许多民营企业在这一时期破产，正是因为没有建立起完备的企业文化，导致企业文化无法约束企业行为。

在成熟中后期，这时企业具有一定的规模且市场地位稳定，企业内部的管理系统也相对完备，处于稳定发展的状态。但在这种长期稳定的环境下，企业员工可能会失去工作动力，企业便会因此缺乏活力和创造力。如果企业不能在此时做出相应的调整，企业便会掉入保守陷阱，这时候企业文化就要激励企业管理者进行改革和创新，同时更新和完善现有的企业文化，以此激发企业的活力和生产动力。

冒进陷阱和保守陷阱都处于企业生命周期的转折点。企业实现可持续成长的关键就在于管理者对企业生命周期转折点的正确处理，成功跨越成熟中后期的转折点，就意味着企业实现了可持续成长，避免了走向衰退的命运。

三、构建企业文化战略管理的内容

企业文化是随着企业发展而形成的一种企业内部传统，它是一种观念和文化体系。企业文化不是物质文化，也不是制度文化，但是会通过它们表现出来。企业文化依靠物质文化和制度文化生存，物质文化和制度文化依照企业文化的愿望和要求而建立，它们既互相作用又互相独立。

（一）形成企业共同价值观

企业共同价值观是指企业内部成员的统一价值观念，对企业文化的性质起着决定性的主导作用。

共同价值观不是指企业内部个别员工的价值观，而是以整个企业为单位的统一价值观，它体现了企业全体成员的共同精神。根据企业共同价值观的不同，企业的发展方向和文化建设也有着本质的区别。共同价值观不可以凭空想象，而是要在企业的发展中逐渐形成，这是企业通过长期实践而总结出的经验。共同价值观是企业全体成员经过实践后逐渐形成的价值观念。

从发展过程来看，价值观念是企业文化发展变化的内在机制。追求价值、创造价值、实现价值是企业存在和发展的基本准则，企业要通过这一准则去认识客体、改造客体，并通过企业的经营理念、宗旨、思想和行为标准表现出来。企业的价值观念贯穿于企业的整个发展过程，它体现在企业对于荣誉、科技、人才等多方面的看法和观念上。

企业共同价值观形成后，就会以一定的观念模式一直存在于企业中，它会影响企业的认知和管理的方向，还会抑制或推进企业的发展。同时，企业共同价值观的变化也会引起企业内部其他方面的转变，包括企业的经营理念、道德准则、发展目标等。一家企业不可能达成一个目标后就止步不前了，为了跟上时代前进的脚步，企业也会不断地更新自己的目标，不断发展自身以实现更高的理想。企业生存和发展的原动力就是创新，要不停地制定目标、实现目标，只有这样才能经久不衰、充满活力。为了达成更高的目标，企业就要从内部进行更新，这就包括企业共同价值观的更新和完善，只有不断更新和完善，才能保证企业的生存和发展。

（二）制定企业行为规范

行为规范是指企业员工群体所确立的行为标准，它的形成方式可以是企业的硬性规定，也可以是通过企业员工的共同行为自然形成。行为规范一旦确立，就成为企业中调整各种关系的基本准则，是企业价值观在行动上的一种重要表现形式。行为规范和规章制度的不同在于，规章制度是通过强制手段约束人们的行为，行为规范则是一种对企业员工自我行为的制约力量。当人们认可一种行为规范时，它就会发挥出强大的力量，成为人们的共同意识和信念，使企业形成一种无形的强大吸引力和制约力。

在一个具有优秀企业文化的企业中，这种行为规范是一种企业内部成员都会自觉遵守的道德准则，虽然没有强制性的措施和惩罚手段，但若有人违背这种行为准则，就会受到企业内部所有成员的谴责。

（三）树立企业美好形象

简单地说，企业形象是社会各类公众对企业整体的印象和评价，企业文化形象则是指表达有关本企业的基本文化与哲理的含义。企业形象可以表现企业的共同信念、价值与理想；同时还可以反映企业的文化、行为和经营成果等。

1. 企业形象的六个特性

（1）企业形象具有整体性。

企业形象是整合企业运行中所有要素而体现出的整体形象，它不仅包括企业的硬件建设，也包括企业的软件建设。企业运行中的硬件包括厂容厂貌、设备、产品、标志和企业专用品等；企业运行中的软件包括企业服务、共同价值观、经营理念、企业精神和经营目标等。这些要素中，任何一个要素在客户心中留下不好的印象都会产生连锁反应，从而导致企业整体形象下滑。

（2）企业形象具有客观性。

企业形象是企业各方面活动和所有外在表现等系列客观状况的反映，具有鲜明的客观性，这是企业形象的基础。虽然企业可通过一些手段塑造企业形象，但是不在客观事实基础上建立的企业形象是不可能长久存在的，捏造出的虚假企业形象总有被识破的一天，这样的企业会被大众抛弃。

（3）企业形象具有主观性。

企业形象本身是在客观事实的基础上建立的，但它反映在人们的主观思想上。每个人对事物都有不同的理解，根据每个人不同的认知能力、理解水平和思维方式，企业形象也是不同的。

（4）企业形象具有稳定性。

企业形象具有一定的稳定性，这就意味着企业形象一旦形成，就不能被轻易改变。一旦企业形象形成，并在人们心中留下比较深刻的印象，人们就会形成一定的思维定势，即使企业做出一些小的调整和变化也不会立刻打破原有形象，人们还是会倾向于企业的原有形象。这种企业形象具有稳定性，有助于企业在良好的企业形象基础上进行发展和成长。

（5）企业形象具有可变性。

虽然企业形象具有稳定性，但并不是企业形象一旦形成就不可改变。企业形象也具有可变性，这需要企业进行比较大的改变，并且改变的持续时间足够长，通过长时间的有效刺激，人们就会发现企业的变化，进而接受企业的新形象。

（6）企业形象具有传播性。

企业形象塑造的过程实际上也是对企业进行宣传的过程。企业应该意识到企业形象塑造过程中运用和借助传播媒介的重要性。离开传播媒介，企业在形象塑造过程中就会失去控制。

2. 针对不同对象的企业形象塑造

企业应该有针对性地建立和传播企业形象，根据不同的传播主体塑造不同的企业形象，以满足不同人群的需求和喜好。以企业员工为对象的企业形象塑造也是一种企业文化的建立和传播途径，通过对员工进行形象塑造，可以加深公众对企业文化的了解，增强企业形象的塑造效果。

（1）针对员工进行企业形象塑造。

第一，培养认同感。让员工能在企业内找到自我认同感和企业认同感，同时让员工自觉主动地对企业管理和发展产生责任感。企业要经常且及时地向员工传递企业内外部相关信息，让企业内部人员充分了解企业的各方面情况，并以此为根据对自己的行为方式进行改进和调整。

第二，培养信任感。让员工对企业产生深厚的信任感。企业可以通过各个方面的实际行动培养员工对企业的信任感，激发员工对工作的激情及对企业的热爱。例如，企业可以帮助员工解决生活困难，对员工提出的意见和建议进行改进，尽量满足不同层次员工的需求。

第三，培养愉悦感。为了提高员工的工作效率，以及提高企业的良好形象，企业应该尽量为员工提供轻松愉悦的工作环境。例如，企业可以通过长期的宣传教育创造出一种文明和谐的气氛，提供一个民主、平等、充满人情味的工作场所。

（2）针对客户进行企业形象塑造。

在企业客户看来，良好的企业服务就是优秀的企业形象，企业可以通过优质的产品或者良好的服务进行企业形象塑造。诚信对企业形象塑造有着极其重要的作用，只要发生一次让客户感觉企业缺乏诚信的事件，企业形象就会遭到严重破坏，并且这种坏形象难以被改变，企业要想恢复形象会非常困难。

（3）针对股东、公众塑造企业形象。

企业通过各种方式向股东展现自己的实力，抓住各种机会努力提高企业知名度，满足股东的不同要求，让股东认同企业价值，同时在潜在客户面前树立良好的企业形象。

企业还应处理好国家利益与企业利益之间的关系，严格遵守国家相关法律法规，努力达成公司设立的经济目标，创造经济效益。无视甚至违反国家相关法律法规的企业，不可能在公众心中树立良好的企业形象，不可能营造一个和谐的企业经营环境，也就不可能在这个社会中生存下去。

四、企业文化战略的变革与创新

企业文化的再造，就是要通过有意识的行动来重新设计符合企业环境的基本文化，塑造优秀的企业文化，增强企业运行与实施战略的文化动力。企业文化再造是一个完整的过程，要为此做出长期的努力。企业文化的再造过程可以分为分析影响因素、进行文化诊断、确定企业文化内容和培植企业文化等阶段。

（一）影响企业文化的因素

影响企业文化形成的因素有很多，企业为了得到长期稳定的发展，就应该在了解这些影响因素并对其进行分析后制定企业文化战略。一家企业要想创造良好的企业文化，就要将中国传统文化和理念、时代精神及企业自身的特征有机地结合在一起，形成既适应外部环境又符合自身需求的企业文化。影响企业文化的因素分为外部因素和内部因素两部分。

1. 影响企业文化的外部因素

影响企业文化的外部因素有四个：

第一，民族文化。民族文化是在历史长河中沉淀得到的一种独有的文化系统，它包括行为模式、思想状态、道德观念等，它是经历不同历史时期不断发展和演变得来的，展现了一个民族的历史特征。企业文化是企业内员工共同价值观的表现，这种共同价值观在一定程度上反映了民族文化，企业在建立企业文化时往往借鉴民族文化的优秀部分，将优秀的民族品质融入企业价值观的建设中，以此对企业员工的行为进行约束，有利于企业的生存和发展。

第二，社区文化。不同的社会区域具有不同的社区文化，处于不同社会区域的企业就会受到不同社区文化的影响。社区文化是指在这一社会区域内的人们表现出的价值观、行为模式、道德观念等，是一种文化的群体反映。社区文化可以直接影响这个区域内人们的行为，进而影响该区域的企业文化。

第三，政治和市场环境。政治是在一定的社会物质基础上产生的属于上层建筑领域的精神现象，是人的态度、信仰、感情和价值观念的总和，是社会一般文化的一部分，是一种特殊形态的文化。只要企业存在于社会中，政治就一定会对其产生影响。一个企业内部存在社会关系、经济关系、文化关系和政治关系，企业想要厘清内部关系，让内部关系脱离混乱，就要建立政治运行机制，而这种内部的政治机制肯定会受到外界政治环境的影响，这种影响也会扩展到企业文化的建设中。

企业应该建立适合市场需求的企业文化，只有保证企业文化能够符合市场要求才能保证企业内部充满活力，企业员工才能有明确的行为目标。企业要想获得利益就要时刻关注市场环境，以便建立适应市场环境的企业文化，这样才能保持企业在市场中的竞争地位。市场环境对企业文化的影响主要体现在两个方面：一是面对不同的客户，企业提供的服务和产品会有所不同，企业想要塑造的企业形象也就不同。这就需要企业将资源进行分配，从而对企业文化建设产生影响。二是根据不同的市场地位，企业的发展目标有所不同，这就导致企业员工的共同价值观不同，对企业文化建设产生一定的影响。

第四，科学技术因素。科学技术的发展为整个社会带来了翻天覆地的改变，这种改变也对企业运营产生诸多影响，为了适应外部环境，企业文化要做出相应的调整。先进的科学技术不仅带来了便捷，也对企业结构提出了新的要求，还对企业内部员工之间的关系产生了影响。科学技术的改变会对企业员工的行为、态度、目标产生一定的影响，这种影响也会拓展到企业文化的制定和建设方面。

2. 影响企业文化的内部因素

影响企业文化的内部因素包括五个：

第一，人员构成。人是企业发展的根本动力，企业员工的受教育水平、素质高低、年龄构成、行为习惯和道德观念等都会影响企业文化的建立，因为企业文化是企业员工共同价值观的体现，所以企业文化很大程度上受到员工属性的影响。

第二，企业性质。企业自身性质是设计和建立企业文化的关键影响因素，不同的企业具有不同的特征，只有根据自身特征建立的企业文化才能发挥作用。如果企业在建立企业文化时盲目地树立价值观和企业精神，却不考虑企业自身性质，就会导致企业失去内在生产动力，让企业文化失去意义。

第三，组织结构。企业的组织结构会影响员工的行为。不同组织结构中的员工的行为会有很大差异，如分权企业中的员工一般都注重创新，他们富有冒险精神且积极参与各种工作；集权组织中员工的行为会受到严格监控，这种差异性导致了不同组织结构的企业有着不同的企业文化。

第四，组织氛围。组织氛围指企业内部对风险、情感、奖惩等的基本倾向。企业管理人员必须明确不同部门和员工所面临的风险，并制定相应的制度或规则以降低风险；同时，管理人员还要针对不同的风险做出改变，这些都会影响企业文化的树立。企业内部的情感交流、奖惩制度也在一定程度上对企业文化产生影响。

第五，企业领导者的能力、风格和企业家形象。这一点是影响企业文化的关键性因素。企业文化是企业员工共同价值观的体现，也与领导者的行为有着密不可分的联系。企业领导者要将企业的价值观、发展目标和发展计划传递给全体员工，就需要领导者具备一定的号召力。领导者要将理念传递出去，号召员工认可企业文化，产生共同价值观，以此约束和引导员工的思想和行动。企业领导者要调节企业与员工之间的人际关系，保证企业内部的和谐稳定，这种整合就是一项庞大的文化系统工程，这对企业文化的设计和建立起着重大作用。领导者的企业家形象会对企业员工的行为产生影响，好的企业家形象会引起企业员工的学习和效仿，推动了企业文化的完善和发展。

（二）企业文化变革与创新的时机

企业文化一旦形成就会产生一定的稳定性，难以改变，导致企业文化的变革面临很大的障碍。企业文化的形成需要很长的周期，这就导致企业文化形成后很难发生改变，当某些文化已经不能适应当时的外部环境时，就会对企业的发展造成阻力，成为企业发展的绊脚石。在这种情境下，企业管理人员就要看准时机进行企业文化变革，只有在有利的时机和条件下进行变革才可能保证变革过程中企业的稳定性。企业文化变革的有利时机主要有以下情形：

第一，大规模危机出现。当企业发生大规模的企业危机时，企业员工会意识到企业文化可能不适应当前的外部环境，需要进行变革。这种情景的具体表现包括企业出现大额财务亏损、失去一个重要的合作客户、在市场竞争中被对手的重大技术突破击败等。

第二，领导人发生更换。企业高级管理人员的更换会为企业带来一种新的价值观和文化理念，这种新的文化会与原有的企业文化进行碰撞，这会引起企业文化的变革。因此，企业领导人的变更也是企业进行文化变革的有利时机。

第三，组织新而小。企业刚刚建立时，企业文化对员工的渗透度不高，这时进行企业文化变革所需要的成本较低，效果也比较好。当企业规模还未扩张、处于小规模时，新的价值观更容易被传播，因此在企业规模较小时进行企业文化变革也是有利时机。

第四，组织文化弱。强文化氛围的企业很难改变企业原有的企业文化，而在弱文化企业中进行变革则更加容易，因为企业文化弱意味着企业文化的渗透度不高，员工对企业价值观的认同并不深刻。在这种情况下，新的价值观更容易被员工接受，新的企业文化更容易被建立。

（三）企业文化变革与创新的策略

企业管理者实施企业文化变革，需要多方面的举措有机联合实施才可以达到预期效果。企业文化的变革需要一个全面的、切合实际的、协调统一的战略方针。

第一，要对原有企业文化进行解析。企业应该审核评估现有企业文化，将现有企业文化与期望企业文化对比，通过比较得出需要进行变革的要素有哪些，再根据这些要素进行变革。

第二，大规模危机可作为文化变革的手段。并不是所有企业员工都能意识到企业面临的危机，所以企业管理人员有必要让企业员工意识到企业目前面临的危机，以此刺激企业员工正视现有企业文化存在的问题。只有让企业员工自己意识到危机并产生紧迫感，才有利于企业进行文化变革。

第三，任命新的高层管理人员。新的管理人员会带来新的文化理念和价值观念。运用这种方法要注意的是新的管理人员需要快速地将其文化理念和价值观念渗入企业中，并且将认可这种新理念的员工安排在关键岗位，以便文化变革顺利推进。

第四，组织重组。通过组织重组可以将原有的部门合并或者撤销，按照企业发展要求设立一些新的部门，以这种方式表达出企业将要进行文化变革的决心。

第五，调整员工绩效评估与奖励制度。企业应该针对企业新文化建设建立全新的绩效考核与奖励制度，将奖励的重点放在与新文化建设相关的方面，以此激励企业员工投身企业文化改革中，调动企业员工的积极性，增强企业的改革动力。

以上这些手段不能保证企业的文化变革一定能获得成功，但会加大成功的概率。因为企业员工已经形成了稳定的共同价值观，所以他们的行为在原有企业文化的影响下形成了固定模式。企业管理人员在进行企业文化变革时应该拥有足够的耐心，在变革初期，文化变革推进缓慢是正常现象，管理人员要时刻保持警惕，保证企业文化的变革在平稳中前进，不要发生停滞不前甚至回到原本状态的情况。虽然企业文化的变革是缓慢且艰难的，但是为了企业能够更好地适应外界环境，获得更好的成长和发展，企业管理人员一定要以不放弃的精神推动这种变革。

第三节　企业竞争战略管理创新

企业竞争战略是企业战略中的重要部分，其受到企业总体战略的制约，它是企业在正确分析自身竞争地位后所形成的战略。

一、企业竞争战略的特点及考量要素

（一）企业竞争战略的特点

1. 竞争战略的主要内容要与具体行业或者业务的经营有关

竞争战略的主要内容要与一个被给定或者预定的具体行业或者业务的经营有关，并不涉及投资、开拓和进入其他的行业或业务，从这个意义来看，竞争战略又被称为业务层战略。以苹果公司竞争战略为例，其主要内容就是如何在其所选择的行业和市场上不断发挥创新的优势，从而更好地满足客户的潜在需求，也就是如何选择目标市场、确定经营定位和满足目标市场上客户的诉求，并设计相应的价值活动，最后实现竞争优势。

2. 竞争战略要符合行业或市场的特点和规律

竞争战略要符合特定行业或者市场的规律和特点，要对特定行业或市场中的竞争对手进行充分的分析。以航空公司为例，在制定竞争战略时，必须要符合航空业的规律和特点，还必须考虑其他航空公司的竞争战略。

3. 竞争战略要以发现、满足和保持顾客的价值诉求为核心

竞争战略要将发现、满足和保持顾客的价值诉求为核心，其主要原因是只有

将顾客的价值感受最大化之后，才能实现股东的财富增长最大化。由此来看，竞争战略与营销战略有很多相似之处。

4. 竞争战略的目的是实现利润最大化与市场占有率最大化两者之间的平衡

竞争战略的目的是实现利润最大化与市场占有率最大化两者之间的平衡，主要原因是单纯地追求利润最大化容易使公司牺牲未来利益，而单纯地追求市场占有率最大化就会导致企业没有未来，因此需要平衡好两者关系。要充分发挥企业的优势，为顾客创造价值，由此增加企业的利润；开发新的竞争优势，企业需要将利润分配在新的竞争优势方面，由此不断扩大企业的市场占有率。

5. 竞争战略管理者的决策和行动要合一

企业战略管理者所制定的与竞争战略有关的一系列决策要和行动保持一致，即企业的目标市场、商业模式、竞争优势及管理模式等决策和行动要具有一致性和匹配性。

(二) 企业竞争战略的考量要素

企业实施竞争战略是为了保持其在行业与市场中的优势，达到获得超过竞争对手的利润率的目标。企业在竞争战略选择时，要注意以下三点：

1. 产品差异化

顾客的消费心理会受多方面因素的影响而发生变化，针对这种情况，企业可以通过产品差异化来满足消费者不同的需要。

2. 市场细分化

由于消费者的需求或偏好是不同的，企业要确定好自己的服务目标对象，针对目标对象的特征，对市场目标群体进行细分。企业在进行市场细分时可以采用三种方法：一是不考虑消费者的个性化需要或差异性需求，只服务于一般客户。二是针对整个市场中消费者的需求差异细分市场，然后根据不同的细分市场进行相关产品的开发。三是企业针对市场中已经细分好的子市场来研发产品，满足消费者的不同需要。

3. 特殊竞争力

特殊竞争力是指企业为了满足消费者的需求、在市场竞争中占据优势地位所采取的最佳资源配置方法。企业想要在市场竞争中成为胜利者就要考虑如何形成及运用特殊竞争力。

二、企业基本的竞争战略

美国著名的战略管理学家迈克尔·波特在《竞争战略》一书中提出三种基本的竞争战略，即成本领先战略、差异化战略和重点集中战略。

(一)成本领先战略

成本领先战略又称为低成本战略，其核心就是在追求产量规模和经济效益的基础上，通过一系列的方式和手段对企业的成本进行控制，在产品的研发、生产、销售、服务等方面降低企业产品的生产成本，用低于竞争对手的成本优势取得竞争胜利的一种策略。

成本领先战略并不是要降低产品的质量，降低成本不仅是节省或减少成本，而是采用成本效益观念来对新产品的开发设计进行指导。要想成本领先战略取得成功，企业应该提高员工的单位时间效率及管理者的水平，这是企业降低成本的根本途径。

1. 成本领先战略实施的条件

第一，需要资金的持续进入。企业要实施成本领先战略，实现规模经济的目标，就需要有高科技人才、先进的生产设备和信息化系统等条件来提高企业的生产效率，进而实现降低成本的目的。这些都需要强大的资金作为后盾。

第二，独特的工艺技术。企业在日常生产中，要不断提高技术水平，采取更加先进的工艺技术，保证自己的产品具有独特性，从而满足消费者的特殊需求，这样就可以使企业在市场竞争中处于优势地位。

第三，产品价格要具有竞争优势。这是企业实行成本领先战略的一个绝对优势。如果企业的生产成本较低，则其就有低定价的空间，这样就容易在市场上获得更多的份额，进而实现规模效益。

第四，畅通的销售渠道。企业只有将产品销售出去才能获得利润，销售决定一个企业的成败。销售渠道包括广播、电视、报纸、杂志、商铺、网络等。不管哪种销售渠道，只有渠道畅通才能保证企业的产品销售出去进而获得利润。

2. 成本领先战略实施的途径

第一，实现规模经济。规模经济指通过提高产品生产规模从而降低单位产品的生产成本。企业要想降低成本，实现规模经济是一个重要的途径。

第二，利用学习曲线效应。学习曲线效应指单位产品成本随累积产量增加而下降。企业可以提高员工工作的熟练程度，达到降低成本的目的。

第三，将营销、研究、开发和服务的成本降到最低水平。这主要是因为企业的目标顾客对价格较为敏感，因此企业要在保证产品质量的前提下，降低其他生产环节的成本。

第四，对生产运营和行政成本进行严格控制。通常来看，企业在实施成本领先战略时其管理模式一般为扁平化、简单化和集权化，此阶段的企业以成本为导向，创新能力较弱，这就要求企业对生产运营和行政成本严格控制。

3. 成本领先战略实施的优势

第一，可以保持企业在竞争中的领先地位。在同一行业内，实施成本领先战略的企业对消费者的吸引力更大，其市场占有率会提高，从而保持企业在市场中的领先地位。

第二，有利于降低进入者对本企业的威胁。企业实施成本领先战略，降低本企业的产品价格，这对于想进入本行业的其他企业来说就是一个较高的门槛。

第三，有利于减少替代品对本企业产品的威胁。由于企业实施成本领先战略，其产品在价格上具有竞争优势，因此实施成本领先战略的企业在竞争方面会比对手更加灵活。由于产品替代的周期较长，这就给企业提供了缓冲时间，企业可以充分发挥自身的优势，降低替代品的威胁。

第四，增强企业与购买合作者讨价还价的能力。企业在与购买者合作时，购买者对企业的要求较高，这对企业来说就是合作风险。实施成本领先战略的企业由于具有价格竞争优势，因此在与购买者合作时，能够承受住由经济因素给企业利润带来的影响。

4. 成本领先战略实施的劣势

第一，实行成本领先战略的企业，其在前期的投资较多。随着科技的进步，企业的竞争者也在不断发展，这就会使企业失去竞争优势。成本领先企业由于已经投入的巨额资金使其新技术设备转换成本过高，因此在技术转换中处于被动地位。

第二，对消费者需求的关注较少。实行成本领先战略的企业如果仅将企业的重点放在降低成本上，那么对于消费者的需求关注则会减少，这样做不利于掌握消费者的需求变化情况，生产出来的产品有可能满足不了消费者的要求。由于产品最终是要销售给消费者的，如果产品得不到消费者的认可，那么企业产品的价值就无法实现，最终将影响企业的发展。

第三，出现模仿者。为了获得长期利润，要求企业保持领先地位。同行业新进入的竞争者为了减少风险，就会利用前人的生产管理经验，引进先进的技术设备模仿企业并实施成本领先战略，这样做会给原来实行成本领先战略的企业造成巨大的冲击，降低其对消费者的吸引力。

第四，产品差异性欠缺。实行成本领先战略企业的产品的差异性较低，这是企业的致命弱点。如果企业的产品在价格上无法满足消费者，消费者就会转向其他企业的产品。

（二）差异化战略

差异化战略是指企业通过提供独特的产品或服务来满足消费者特殊的需要，从而形成竞争优势的一种竞争战略。

其根本原理是通过提高消费者效用来满足消费者的需求。消费者消费是为了满足自身的需求，企业降低成本是有限度的，但是实行差异化战略可以使企业的产品得到消费者的认同。

企业实行差异化战略可以从产品设计、品牌设计、生产技术、顾客服务、销售渠道等方面入手，创造出具有企业自身特点的产品或服务，使消费者的特殊需要得到满足，从而使企业在市场竞争中获得优势地位。

以消费者的不同需求和企业自身的状况为依据对差异化战略进行分类，可以分为产品质量差异化、产品功能差异化、销售服务差异化、产品创新差异化、产品品牌差异化等。

1. 企业差异化战略实施的条件

第一，企业要具有较强的创新能力。科技的不断发展使得产品或服务不断更新升级，消费者的选择余地也得到了扩展。市场竞争主要表现在企业不断地推出新的产品，这就要求企业树立市场意识和创新意识，及时掌握消费者需求的变化，不断改进产品和服务来满足消费者的需要。

第二，企业具有较强的市场营销能力。企业的产品只有被消费者购买后才能实现其价值，这就需要企业具有较强的营销能力。要让消费者了解本企业的产品，这样消费者才能购买产品。此外，要将企业的研发、制造等部门协调起来，实现企业的良性循环，最终实现企业盈利。

第三，消费者的需求多样化。这是企业实行差异化战略的前提。只有消费者的需求具有多样性，企业才可以针对某一部分消费群体进行产品或服务研发。

2. 企业差异化战略实施的途径

第一，在产品功能方面实现差异化。当前来看，消费者不仅注重产品的外观，更看重产品的功能，这就需要企业在进行产品研发时注重某一项产品的功能，使其与其他企业的产品区别开来。

第二，在产品质量方面实现差异化。产品的质量是产品的灵魂，但是产品质量有高有低，归根结底是因为消费者对产品质量的要求不同。以一次性筷子为例，虽然一次性筷子质量不高，但是因为方便而使一次性筷子拥有了大量的客户群体。

第三，在服务方面实现差异化。产品在任何阶段都需要良好的服务，企业可以针对消费者的服务需求进行差异化处理。

第四，在品牌方面实现差异化。企业的品牌是一种宝贵的无形资产。通过企业品牌，消费者可以分辨出企业的产品和服务，企业可以通过建立品牌来提高市场占有率。

3. 差异化战略实施的优势

第一，降低消费者对价格的敏感度。当消费者接受了企业实行差异化战略所提供的产品或服务时，会对该企业的产品或服务产生忠诚度。这就会降低消费者对该企业产品或服务价格的敏感度，从而使企业获得更多的利润。

第二，增强企业讨价还价的能力。企业实行差异化战略，其产品或服务由于满足了消费者的特殊需求，因此定价相对较高。这增加了企业的利润，使企业在面对供应商涨价时仍能获得盈利，对供应商讨价还价的能力也会相应提高。

第三，对进入者设置的壁垒比较高。企业实行差异化战略，其消费者的忠诚度较高。其他企业想要进入该行业，就需要有更好的产品或服务来吸引消费者，这就增加了潜在进入者进入市场的门槛，有利于降低企业的竞争风险。

第四，降低替代品的威胁。由于消费者的忠诚度较高，替代品企业想要吸引客户就必须生产出质量更好的产品，还要同时满足顾客多样化的需求甚至克服消费者对原有产品的忠诚度，这给替代品企业设置了较高的门槛，降低其潜在的威胁。

4. 差异化战略实施的劣势

第一，消费者需求的变化。消费者的需求是多种多样的，企业在实行差异化战略时要保证其方向的正确性，否则就会因为方向的不正确而导致战略的失败。

第二，战略实施的成本过高。由于实行差异化战略的成本过高，为了获得利润，企业产品或服务的价格就会高于其他产品或服务。如果消费者对于价格比较敏感，就会转向其他性价比较高的产品，这就会导致企业的失败。

第三，差异化需求的降低。随着社会的发展，消费者的消费理念和行为也变得更加成熟且理性，这就导致消费者对产品的差异化需求大大降低。在此情况下，消费者更倾向于性价比高的产品，这就会使得企业丧失差异化战略优势。

第四，出现模仿者。企业通过实行差异化竞争战略取得竞争优势，便会被竞争者模仿，从而降低企业产品或服务的差异性。如果竞争对手的创新能力较强，则企业受到的威胁就会加大。

（三）重点集中战略

重点集中战略是指企业把其经营活动集中于某一特定的客户群体、产品线的某一部分或某一地区市场的竞争战略。它以一个特定的市场为中心进行密集性的市场经营活动，实行重点集中战略的企业要为消费者提供比竞争对手更好的产品或者服务。

企业实行重点集中战略包括两种方式：一是产品差异化方法；二是降低成本方法。从这点来看，重点集中战略是特殊的差异化战略或特殊的成本领先战略。

1. 重点集中战略实施的条件

第一，企业间的争夺重点不在目标市场。当企业在实行重点集中战略时，要选择那些不会引起行业主要竞争的小市场，这样企业在实行重点集中战略时才会有发展的空间。

第二，企业的目标小市场要具有一定的发展前景。这是企业发展壮大的前提，只有目标小市场拥有发展前景时，才能满足企业在成长过程中的要求。如果企业不能在小市场中获得利润，那么就要放弃该市场。

第三，企业提供服务的能力较强。目标小市场上消费者的需求通常比较特殊，如果企业没有较强的服务能力，就无法满足这些需求，也就无法打开市场。企业要对自身情况进行分析，选择适合本企业发展的小市场。

第四，对挑战者做出有效防御。企业在实行重点集中战略时，要有效培育消费者对本企业产品或服务的忠诚度，这样对后来者就可以形成较高的壁垒，对挑战者做出有效的防御，从而保证企业在市场竞争中长期处于优势地位。

2. 重点集中战略实施的途径

细分市场是企业实行重点集中战略的关键，选择目标细分市场的基本原则是选择那些竞争对手比较弱和不易受替代品冲击的目标小市场。

第一，企业要选择好目标小市场，并且要确定在这一细分市场中企业的优势可以得到充分的发挥，保证企业在行业中处于领先地位。

第二，企业要具有创新能力和创新精神。企业要勇于引进先进技术和设备，针对市场需求做好产品的研发、生产和销售，保证企业收益最大化。

第三，企业要及时掌握市场消费者需求的变化，要根据需求的变动适时调整企业的策略，从而保证企业长期发展下去。

3. 重点集中战略的优势

第一，有助于保持企业的竞争优势。企业在实行本战略时，在一定程度上缩小了竞争的范围，有利于企业进行管理。由于市场范围小，企业可以对消费者的需求进行深入分析，企业生产的产品和提供的服务应具有针对性，从而提高企业产品或服务的市场占有率，进而保证企业能够获得较高的利润。

第二，降低潜在进入者的威胁。企业实行重点集中战略会提高消费者的忠诚度，这就对潜在竞争者形成一种无形壁垒，阻挡潜在竞争者进入该目标市场，进而有效降低了潜在进入者对企业的威胁。

第三，降低替代品的威胁。实施该战略的企业由于其产品或服务是针对消费者需求而研发的，可以有效满足消费者的需求，大大提高了消费者对本企业的忠诚度，有效降低了替代品对本企业产品或服务的威胁。

第四，企业讨价还价的能力得到增强。采用该战略的企业在产品和服务上的独特性使得企业在面对供应商时具有较强的谈判优势，增强了企业讨价还价的能力。

4. 重点集中战略的劣势

第一，出现替代品。实施该战略的企业将全部资源集中到一种产品或服务上，但消费者的需求是不断变化的，当消费者产生新的需求时，并且出现新的替代品满足消费者的需求时，企业就会受到替代品企业的严重冲击。

第二，存在失去目标小市场的威胁。由于实施该战略的企业服务的小市场只是市场的一部分，因此对于整个行业的领先企业来说，实施该战略的企业有可能处于竞争劣势，如果该行业的领先企业通过强大的竞争力抢占该小市场，那么原来实行重点集中战略的企业就会失去目标小市场。

三、企业动态竞争战略思维

从 20 世纪 90 年代初开始，越来越多的管理者关注企业经营环境的动态化趋势及其对企业间竞争行为的影响，并且对企业在动态条件下的战略行为进行了研究。当前来看，企业面临的竞争环境呈现复杂化趋势，企业间的竞争也越来越激烈，企业的竞争战略动态化发展趋势也越来越明显。

学术界对动态竞争还没有一个明确的定义，从当前学者们的研究情况来看，动态竞争有广义和狭义之分。

狭义的动态竞争指在特定行业内，某个企业采取的竞争行动会引起竞争对手的一系列反应，这些反应又会影响到原先行动的企业，这是一种竞争互动的过程。广义的动态竞争主要包括三个层次：一是企业在动态的经营环境下竞争。经营环境的动态化威胁着企业的竞争优势。二是竞争互动的动态化，指企业之间的互动频率越来越高，竞争对手之间的学习、模仿和创新迫使企业要不断地挖掘自身优势。三是竞争动力学，指创新和速度正在代替规模而成为企业竞争优势的主要来源。

动态竞争主要有以下四个特点：

第一，高强度和高速度的竞争。在动态竞争中，每个竞争者都在不断地建立自己的竞争优势和削弱对手的实力。

第二，在动态竞争中，竞争对手之间的战略互动速度明显加快，决定竞争战略和经营战略制定的因素是竞争互动。

第三，在动态竞争中，预测竞争对手的反应、改变市场需求或竞争规则的能力对竞争战略的有效性具有决定作用。

第四，在动态竞争中，没有一个企业可以一直保持竞争优势，企业所拥有的竞争优势都是暂时的，都可能被对手打败。

动态竞争和静态竞争是完全不同的，因此需要对动态竞争条件下的战略思维方式进行了解和把握，这样企业才能制定出有效的竞争战略。

（一）重视动态竞争互动

在静态竞争环境下，企业很少对竞争对手的反应做出预测。但是在动态竞争环境下，企业在制定竞争战略时要重视竞争互动，要对竞争对手的反应和攻击行为做出预测，这样才能保证企业竞争战略实施的有效性。企业要掌握以下信息：竞争对手是谁；竞争对手的预期反应会是怎样的；企业应采取什么样的策略；企业的竞争行为对于行业市场和竞争格局的影响是什么。

（二）通过对企业和竞争对手的价值链进行分析而制定竞争战略

在静态竞争环境下，企业主要对企业和竞争对手的价值链进行分析来制定竞争战略，这种情况的前提是竞争对手没有学习的能力。但是在现实中，该前提条件成立的可能性很小，企业会发现原有的竞争优势变得越来越小，究其原因：一是竞争对手通过学习和模仿对自身弱点进行了克服和弥补；二是竞争对手通过各种手段建立了竞争优势；三是领导企业过于依赖原有优势，对于新情况没有及时建立新的竞争优势。

（三）以创造新的竞争优势为目的制定竞争战略

企业在静态竞争环境下制定竞争战略是为了保持长期竞争优势，并且该竞争优势是可持续的。在动态竞争环境下，企业制定竞争战略是为了创造新的竞争优势。动态竞争理论认为没有一个企业可以一直处于竞争优势地位，任何优势都是暂时性的，企业制定竞争战略虽然是为了保持企业在竞争中的优势地位，但更重要的是企业要及时创造出新的竞争优势来打击竞争对手。

（四）采用动态分析方法制定竞争战略

静态分析方法如传统的 SWOT 模型、波士顿矩阵及迈克尔·波特的五种竞争力分析模型等都是以企业的优势可以长期保持为前提的。在动态竞争环境下，企业的竞争优势会发生变化，因此其立足点在竞争对手之间的互动上。企业在制定竞争战略时要在原有的分析模式上融入动态分析方法，如博弈论、情景分析、仿真模型、系统动力模型、"战争"模型等，采用动态方法可以更加准确地分析竞争对手，更有助于企业竞争战略的制定。

（五）建立起企业的核心竞争力

在静态竞争环境下，人们关注的重点是企业经营的环境、市场和行业结构对企业的影响。但是在动态竞争环境下，管理者认识到企业的核心竞争力是企业保持竞争优势的关键，企业只有建立起自己的核心竞争力，才能在面对环境、市场结构和行业竞争变化时做出更有效的反应，不断创造出竞争优势，保持企业在市场竞争中的优势地位。

四、企业竞争战略的转变与创新

(一) 蓝海战略与红海战略的含义

W. 钱·金等在《蓝海战略：超越产业竞争　开创全新市场》中认为，"蓝海"是创造出来的、没有竞争的新市场，而"红海"则是已经存在的、激烈竞争的旧市场。

蓝海战略专家认为，蓝海战略就是打破原有的产业边界，开创出一个没有竞争的新市场。其追求目标就是在同一时间实现差异化和低成本，建立一个强有力的品牌，使企业可以彻底摆脱竞争，实现企业价值高速增长。

红海战略是在已有、已知的产业边界和市场空间内，按照既定游戏规则，进行针锋相对的竞争。蓝海战略没有产业边界的限制，它既可以在新市场中进行，也可以在现有的红海中进行，没有一定的规则。

从战略目标和战略行动的角度看，蓝海战略与红海战略主要有五点不同，如表 3-1 所示。

表 3-1　红海战略与蓝海战略的比较

红海战略	蓝海战略
在现有市场空间内竞争	开创没有竞争的市场空间
打败竞争对手	摆脱竞争
挖掘现有需求	创造和获取新需求
在价值与成本之间权衡取舍	打破价值与成本之间的权衡取舍
根据差异化战略或低成本战略部署公司行动	兼顾差异化战略和低成本战略部署公司行动

两者的根本区别是理论假设不同。红海战略依据结构主义观点或环境决定论，蓝海战略依据的是重建主义观点。

红海战略支持者认为，产业的结构条件给定不变，企业间的竞争是在同样的"最佳实践"规则下进行。企业的差异化必然导致成本的增加，因此在差异化和成本两者之间，企业在制定战略时只能选择其一。

蓝海战略支持者认为，市场界限及产业结构是可以重新建构的，实施蓝海战略就是为了打破现有的价值与成本之间的权衡取舍关系，创造出一个新的竞争实践规则。

（二）价值创新是蓝海战略的基石

　　所谓价值创新，就是企业全力为买方和企业自身创造价值，由此开创新的无人争抢的市场空间，彻底摆脱竞争。在价值创新中，"价值""创新"两者的地位是同等重要的。企业如果只注重价值，不注重创新，那么企业则无法在市场上脱颖而出；反之，则容易使企业的产品定价过高。蓝海战略的实施要同时兼顾差异化和低成本。开创蓝海，就是要在降低成本的同时，实现企业价值的飞速增长。买方价值由企业提供的效用和价格组成，而企业利润来源于价格和成本，因此只有当企业协调好产品效用、价格、成本时，才能实现价值创新。蓝海战略是对企业功能和运营的整合，有利于企业实现可持续发展。

（三）蓝海战略的诊断与实施工具

1. 战略布局图是实施蓝海战略的诊断框架和行动依据

　　战略布局图的横坐标表示产业竞争和投资所注重的各项因素。例如，美国葡萄酒产业战略布局图的横坐标包括七项主要因素：一是每瓶酒的价格；二是要有高级精美的形象包装，包括在标签上注明这种酒曾获得的奖项，并使用深奥的酿酒专业用语强调酿酒的艺术和科学；三是制作优良的广告；四是葡萄酒的年份、品质；五是葡萄园的历史传承；六是产品风味；七是涵盖的葡萄品种和消费者偏爱的葡萄酒种类。

　　战略布局图的纵坐标反映各因素向买方（顾客）提供利益水平的高低。其评分值表示公司向买方提供的利益多少，评分越高，则利益越多。将横坐标每个因素的利益水平点连接起来就形成了战略轮廓图（价值曲线）。

2. 四步动作框架描绘新的价值曲线并重建买方价值元素

　　四步动作框架是用来描绘新的价值曲线、重建买方价值元素的工具，如图 3-4 所示。

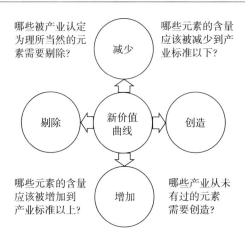

图 3-4 四步动作框架

为了同时获得"差异化"与"低成本"效果，创造出新的价值曲线，要采取剔除、减少、增加和创造四项行动。

第一问：哪些被产业认定为理所当然的元素需要剔除？这个问题要求战略制定者在制定企业竞争战略时将一些元素剔除。这些元素通常被认为是理所当然的存在，有时候企业为了竞争会对消费者及市场环境变化视而不见，如成本竞争。

第二问：哪些元素的含量应该被减少到产业标准以下？这个问题可以强迫战略制定者思考，在竞争的过程中，企业的产品或服务是否存在过度的情况而增加了企业的成本。

第三问：哪些元素的含量应该被增加到产业标准以上？这个问题可以使战略制定者发现和消除企业产品或服务不完善的地方，有助于提升消费者对产品或服务的满意度。

第四问：哪些产业从未有过的元素需要创造？这一问题可以帮助战略制定者为消费者开辟全新的价值来源，创造新的需求。

这四个问题分别具有不同的作用：第一问和第二问是为了减少企业的成本；第三问和第四问是为了提升顾客价值及创造新的消费需求。通过这四个问题，有助于实现企业的差异性和低成本目标。

（四）"剔除—减少—增加—创造"坐标格

"剔除—减少—增加—创造"坐标格是蓝海战略的一个重要工具，它是四步动作框架的辅助工具，通过坐标格可以使企业对"剔除—减少—增加—创造"四个问题重视起来并采取具体行动。

第四节 企业营销战略管理创新

当前市场竞争日益激烈，企业想要在激烈的市场竞争中占领一席之地，就必须制定正确的营销战略，运用现代营销技巧抢占市场，吸引消费者，获得消费者的青睐，这样才能不断增强企业的市场竞争力，实现企业的可持续发展。企业制定营销战略，是企业适应市场、驾驭市场、赢得市场的智慧行为。

一、企业营销战略规划

（一）企业营销战略的内涵

1985 年，美国市场营销协会（AMA）对市场营销给出了这样的定义："市场营销是关于构思、货物和服务的设计、定价、促销和分销的规划与实施过程，目的是创造能实现个人和组织目标的交换。"[1] 在交换的过程中，如果一方对于交换活动比另一方更为积极和主动，那么前者就是市场营销者，后者则为潜在客户。

现代市场营销研究中，人们普遍接受的市场营销的定义为："市场营销是通过市场交易来满足现实或潜在需要的综合性经营销售活动过程。"[2] 在该营销过程中，营销活动的重心是要达成交易，目的是要满足消费者的需求。实践活动是人们对于市场营销定义的来源，因此随着企业市场营销活动实践的不断发展，有

---

①② 王喆．新经济环境下现代企业战略管理研究［M］．北京：中国商业出版社，2018.

关市场营销的定义也会随之发生变化。

实际上，人们对于现代市场营销的理解，完全可以将其看作一种计划及执行活动，其过程包括对一个产品、一项服务或一种思想的开发制作、定价、促销和流通等活动。该项活动的目的是要通过交易的过程来满足顾客的需求。随着社会生产力的不断发展，人们需求的不断增加，市场交易活动所涉及的内容也越来越多，种类更为繁杂，包括商业活动和非商业活动、个人和团体、实物产品和无形服务等。

（二）企业营销战略规划的内容

1. 企业营销战略规划的基本内容

（1）目标规划。

目标规划是指企业在总体战略目标的基础上，为实现营销目标所做的计划。企业在制定目标规划的过程中，一定要尊重企业的发展目标，将实现企业目标作为整个规划的核心内容与核心思想，只有这样才能从根本上阻止企业规划脱离实际、与企业目标和利益相偏离的状况发生。

（2）技术规划。

技术规划是企业进行营销的前提条件。如果没有技术的支持，企业既不可能完成产品信息的发布和介绍，也难以完成产品的交易，可以说整个营销活动都是建立在企业技术支持之上的。

（3）组织规划。

企业要根据产品特点和目标市场调整自己的营销战略，并建立专门的组织机构负责营销活动的相关工作。

（4）管理规划。

在营销活动中，企业要根据组织的特点和营销战略的需求对其进行科学的管理和规划，以保证企业营销战略能够取得成功。

2. 企业营销战略规划的具体内容

（1）确定营销目标。

企业进行营销活动的第一步就是要明确营销目标，只有确定了营销目标后，企业才能有重点地对营销活动进行规划与管理，将主要精力集中在关键的方向与领域。如果企业无法明确营销目标，那么企业营销工作的方向也就难以把握，这无形中增大了企业营销活动及企业发展的风险。

（2）明确部门职责。

营销活动是一项复杂的企业规划，它的完成需要众多部门的通力合作，每个职能部门都要充分发挥自己的作用，这样才能保证整个营销工作的顺利进行。营销活动是企业发展战略的一项重要内容，因此企业的营销活动需要企业相关部门的全力支持。

一般来说，企业的营销活动由营销管理部门总揽全局，因为营销部门对企业的产品、市场、消费群体及企业内部情况了解最为全面。营销部门对企业营销活动进行整体把握能够保证企业营销活动的基本目标和方向不偏离企业的总目标。

在营销工作的开展过程中，企业营销部门和市场部门之间的配合程度直接关系着营销工作的效果，如果这两个部门能够及时沟通，不仅有利于营销部门及时掌握第一手市场信息和消费者信息，也有利于市场部门针对不足改善自己的工作，提高企业的市场占有率。

营销活动的成功还需要很多其他部门的配合，如财务部门。营销活动的开展离不开资金的支持，企业的财务部门要根据营销规模对营销活动资金进行合理的预算，并将预算上报给企业管理层。

（3）管理反馈信息。

网络是一种开放性强、互动性强的信息交流平台，这一特点决定了企业可以从网络中获得更多与市场和消费者需求相关的信息，这些信息是企业营销决策和工作改进的依据，企业要派专人对这些信息进行管理。通常来说，在营销活动中，企业收到的反馈信息大多是通过顾客发给企业的 E-mail 获得的。对大企业来说，一个 E-mail 地址很可能承担不了企业信息收集和反馈的全部职责，因为大企业收到的反馈意见较多，如果没有专人对其进行管理，企业不仅要投入大量的人力和物力，还可能因为信息管理的不专业造成信息分析准确性的下降。

在企业收集的所有反馈信息中，部分内容是顾客对企业产品提出的改进意见，企业相关部门在看到这些意见后，应尽快给出详细的答复。企业可以将顾客经常提到的问题进行收集和整理，通过网络或是宣传页介绍的方式为顾客进行解答。对于那些企业不能及时答复的问题，企业也应向顾客进行说明。

（三）企业营销战略规划的实现方式

企业进行营销战略规划的主要目的是推广企业的形象和产品，为了实现这一目的，企业需要通过一定的方式才能完成。这种营销战略规划的实现方式主要包括两种：一种是企业自主完成；另一种是借助外部力量完成。根据企业实际情况，企业可以选择其中的一种；在特殊的情况下，企业也可以结合使用两种方式。

1. 企业自主完成

企业自主完成方式是指企业完全通过自身的人员和力量来完成营销战略规划。这种方式对企业的要求很高，企业不仅要有完善的组织策划机构，而且要有能力组织企业内部的营销管理人员建立起自己的策划部门。对于那些实力较强的大型企业，其可以建立专门的营销战略规划部门，招聘专门的策划人员从事企业的营销战略规划。企业自主完成营销战略规划活动的优点表现在，策划部门可以结合企业的特点，综合企业的内外部环境为自己量身制定策划方案，保证最终的实施效果。此外，企业通过建立营销战略规划部门，可以减少咨询费用，从整体上降低企业的策划成本，有利于企业可持续发展的实现。

企业的营销规划部门充当着大脑的作用，根据企业的发展需要，该部门可以设定专属的策划方案，推动企业的发展。企业营销战略规划部门是企业的一个重要职能部门，在营销策划方面具有很大的优势。通过该部门的运作，可以为企业收集到更多有效的市场信息，从而制定出更符合企业发展的营销策划方案，实现与企业发展战略的协同。

2. 借助外部力量

一般来说，借助外部力量来进行营销战略规划的企业通常是那些实力不高且规模较小的企业。对于这些企业来说，其对营销战略规划的需求不强烈，如果设置专门的营销战略规划部门，会增加企业的成本负担，从而不利于企业扩大生产。在这种情况下，企业就可以聘请外部专门从事策划的人员来对企业制定营销战略规划。

当前，对于很多中小企业来说，它们在进行营销战略规划时，通常都会借助外部力量进行，因为这样做有利于降低企业的策划成本。当前在我国市场中，中小企业所占比例很大，其中大多数中小企业都不具备依靠自身进行营销战略规划的能力，因此只能借助外部力量来进行规划。需要注意的是，企业借助外部力量应控制在一定的范围之内，防止形成依赖，不利于企业的可持续发展。此外，企业借助外部力量进行营销战略规划，由于外部组织人员对本企业的实际情况并不了解，企业也会选择性地将自身的经营状况介绍给它们，因此借助外部力量进行营销规划的方式只能起到辅助作用，不能完全代替企业进行营销活动。

企业选择营销战略规划的方式没有统一的标准，应根据自身实际的经营状况来进行选择。此外，企业实施营销战略规划时，也要结合自身的规模、实力和内外部环境，根据营销规划工作的频率，在对所有的营销策划方式进行了解之后，以利润最大化为目标选择最佳的方式，保证企业营销活动的顺利实现。

二、企业营销战略的产品策略

在营销之中，企业的策略都是围绕产品来进行的。如何迎合市场制定产品策略，是市场营销过程中必须处理的一个关键问题。

产品的含义有两种：一种是狭义的理解，即产品只是一种具有某种特定物质形态和现实用途的物体；另一种是广义的理解，即凡是能满足人的某种欲望和需要，提供给市场、被人们消费和使用的一切物品和劳务都称为产品。按照产品的广义理解，如实物、服务、事件、人员、地点、组织、观念乃至上述这些事物的组合，一旦提供给市场且被人们消费和使用，那么都属于产品。

（一）产品组合策略

1. 扩大产品组合

扩大产品组合的内容包括四个方面，分别是扩大产品的宽度、长度、深度和一致性。这种方法能够提高产品原有设备和材料的利用率，同时满足消费者的多样化需求。例如，生产男性剃须刀的美国吉列公司就积极探索消费者需求的变化，策划了多个系列产品，由简单的男性剃须刀到男性胡须美容，先后开发了须后冷霜等多个产品。这一系列的产品不但给吉列公司带来了丰厚的利润，也提高了吉列公司的知名度。

2. 缩短产品组合

面对激烈的市场竞争，"大而全"的产品组合已经很难在市场上站稳脚跟，"小而优"已经成为企业开发的共识。"小而优"这种策略一方面能够增强产品在市场上的知名度，另一方面则能够提升企业的生产效率，降低企业的生产成本。宝洁公司是日化行业名副其实的王者，旗下有多个品牌，然而并不是每一个产品都能为宝洁公司带来利润。在激烈的市场竞争面前宝洁公司不得不采取产品精简战略，其 2015 年的财务季报表明了该战略起到了一定的成效。

3. 延长产品线

在一个产品已经拥有众多客户的前提下，该企业会开拓新的市场，继续扩大客户群体。通常来说，扩大生产线的策略主要包括三种：

（1）主动向上延伸，占领生产线的上游。原先定位于组装加工的企业可以进行产品设计，增加企业利润，同时也使产品更具特点。我国电子加工企业数量众多，这使得企业的利润极低。在这种情况下，我国很多手机加工企业要么维持现状，要么向上游扩展，同设计企业合作，做出自己的产品品牌。从当前的市场状况来看，部分企业已经成功实现其战略目标，将产品延伸向生产线的上游。

（2）向下延伸。如果企业生产的是高档产品，完全可以利用自己高档产品的生产线生产中低档产品，扩大客户群体。这种方案能够给企业带来三个方面的好处：①扩大企业的市场占有率；②高档产品向中低档产品转型所花费的成本较低，在产品设计、生产工艺和促销渠道方面，企业都可以利用原有的资源；③可以在短期内获得较为丰厚的回报。

（3）双向延伸战略。经营中档产品的企业也可以通过研发改进自己的生产工艺，这样既可以增加高档产品，也可以增加低档产品的供应。这种战略有助于企业提高自己的市场地位，适合于新兴行业中的企业。一般来说，一个行业如果处于成长期，那么该行业的产品研发还有进步的空间，该行业的企业可以通过增强研发提升自己的产品质量，从而占领高端市场。

以上产品组合战略对于每一个公司来说都不是完全适用的。公司要在市场调研和客户群体分析之后才能明确产品组合战略。

4. 更新产品策略

对于一个公司来说，如果该公司的产品线长度适当，但是在经济技术不断升级的情况下，该公司必须对自己的产品进行更新，满足时代的发展需要。在更新产品时，公司经营人员不仅要关注市场，还要对公司内部进行全面的分析，提出更有效、更全面的策略以满足市场的需求。

（二）新产品的推广策略

在新产品进入市场以后，产品将面临消费者的使用及评价，在此过程中，营销人员必须集合全公司的力量进行新产品推广，使消费者接受该产品。

美国营销学者罗杰斯曾经对新产品推广过程进行了研究，他认为消费者接受并且认可新产品的过程可以划分为四个阶段，分别是认识、兴趣、评价、采用。

（1）认识。这是营销人员向消费者推广自身产品的起点。营销人员应向消费者介绍产品信息。

（2）兴趣。消费者在接收到产品信息之后，就会对产品做出判断，即喜爱或者拒绝。如果消费者喜爱该产品，则会对这一产品产生兴趣，积极探索该产品的其他信息，甚至试用该产品。

（3）评价。消费者在获取产品其他信息之后，便能够在全面认识这一产品的基础上重新评价该产品。

（4）采用。在进行全面评价之后，消费者将结合自身的需要决定是否购买这一产品。

这四个阶段的核心是消费者的体验。固然，让消费者了解这一产品非常重要，但是如果在了解产品之后，却不能得到全面的产品信息，不能和自己的需要相结合，那么消费者仍然不会购买该产品。消费者在没有了解产品之前，误打误撞地体验了产品，则有可能对该产品产生浓厚的兴趣。因此，在这四个阶段，营销人员都十分重视用户的体验。

新产品推广策略的核心是对顾客的判断。首先，营销人员要精准判断目标顾客，依据目标顾客的反映确定产品的推广策略。其次，根据目标顾客的需求，精准安排产品的上市时间。最后，确定产品的投放地区。依据目标顾客的密集程度及企业的自身实力，确定产品推广地区。新产品的推广方法要和其推广策略相结合。推广策略为推广方法的确定提供了重要信息，如目标顾客的习惯、时间安排等。

三、企业营销战略新策略

（一）微博营销

1. 微博的特征

微博是微型博客的简称，即一句话博客。任何人都可以使用微博，将自己看到的、听到的、想到的事情表述为一段文字（同时可添加图片、视频、音乐等）并将其分享给其他用户。微博打破了时间和空间的限制，使用户在任意时间、任意地点都能够发送或获取信息。

与其他传播方式相比，微博的特征主要有以下方面：

第一，传播方式简单。微博简短的表达形式降低了普通大众发布信息的难度。用户只要点一下"转发"，即可把别人的微博转到自己的微博中，使不同地区的人之间能够轻松建立起沟通互动的桥梁。

第二，使用起来方便快捷。只要有网络，用户就可以通过手机、电脑、iPad等工具，轻松实现简短信息的发布，其实时性、便捷性和现场感极强。

第三，信息传播速度快。微博的使用群体分布广泛，加上使用方便，因此信息传播速度快，即上一秒发生的事情会立刻在微博上传开。很多事件都是先在微博上传播，然后才在其他媒体上发布。

第四，获取信息多。微博的使用群体众多，因此可以在微博上获取多种类型的海量信息。

第五，用户可以任意定制。用户可以随意定制自己想要获取的内容。例如，关注娱乐明星，就可以获得娱乐方面的相关资讯；关注 IT 行业，就可以在第一时间得到IT方面的各类信息。

2. 使用微博进行企业口碑营销

使用微博进行产品营销，与消费者建立互动。企业需要策划一些有意义的活动，让粉丝参与进来，并将活动信息分享传播出去。微博营销活动有以下几种形式：

第一，举办吸引新粉丝的活动，如有奖转发、砸金蛋、大转盘等。

第二，举办互动性较强的活动，如征集类型的活动。

第三，组织一些回馈老客户的活动，如定期竞猜活动、老客户定期抽奖活动。

第四，组织线下活动并通过微博进行宣传。

针对活动的设计，要注意以下几点：一是要易于传播，增加活动的可参与性，最好能够结合热点事件和话题等；二是活动要吸引到目标客户，不然最终效果会大打折扣；三是如果活动设置了奖品，那么活动奖品最好要体现企业或者品牌元素；四是将微博活动和企业官网活动结合起来，充分利用双方的流量；五是在微博活动完成后，还需要对新增粉丝进行后期维护和巩固。经过多次口碑营销活动之后，企业的知名度和美誉度将会大大提升，客户对企业的忠诚度也会随之增强。

3. 微博营销的常用工具

为了方便对微博进行各项管理，以及改善微博主和粉丝互动的效果，常使用如下一些工具：

（1）内容管理。微博内容管理工具较多，如皮皮时光机使用就比较方便。

（2）粉丝分析。新浪自带的粉丝分析工具微数据使用起来十分方便，同时还有其他的分析工具，如微博粉丝数据分析和微博分析家这两款软件。

（3）内容分析。微博风云这款软件能够全面详细地分析微博内容；微博引爆点这款软件则可以对单条内容进行分析。

（二）微信营销

1. 微信的营销功能

（1）朋友圈销售。

张小龙最初设想，朋友圈只是一个熟人与熟人、朋友与朋友之间的交际圈子。但对企业或营销人员来说，微信朋友圈就是一个生意圈，很多微信使用者使用微信销售各种商品。

（2）公众号营销。

公众号是微信的另一个功能，现在越来越被营销人员看好。很多企业家投入了大量的人力与财力在微信公众号上。大多数企业已经开始建立公众号并服务客户；建立订阅号宣传企业文化和产品。如果企业能够精准、科学运营订阅号，锁定目标客户，那么企业的营销战略就能获得成功。

不管是订阅号还是朋友圈，都有其存在的价值。作为一个企业，可以在不同的微信营销环境下，有选择地应用好朋友圈与公众号。

（3）微视频营销。

微视频是微信的又一个功能。微视频是指时间约在一分钟甚至更短的视频，可以通过手机录制并分享给他人。人们只需要一部手机便可录像、编辑、推送微视频内容。

（4）微信群的定向营销与微信群组的周边营销。

微信群是一个与微博有别但是与QQ类似的微信运营功能。通过将朋友圈中的一部分粉丝拉入微信群，形成一个个定向的客户群，如化妆品群、健身群等，这样企业便可更具针对性地展开各种精准营销。依据人际交往理论，一个人的质量交际人数上限大概为100人，如果粉丝人数较多且不做细分，那么营销效果将会大打折扣。如果不对朋友圈中的粉丝进行分组，那么产品成交率将会降低，并且粉丝流失也不可避免。从这个意义上说，朋友圈营销之后，营销人员要对朋友圈中的客户群体进行细分，展开定向营销。

2014年5月，腾讯家族又新推出了营销新兵器——微信群组。微信群组是QQ团队为了不被边缘化，而新推出的新一代LBS社交应用。在微信群组上，企业可以组建数量不等的群，最大的群人数可达2000人。微信群组的最大优势是群的开放性，即能被周边的手机用户发现。这样微信用户就可以找到自己喜欢的、有共同爱好的人群，企业也可以主动吸引到自己所需要的粉丝。企业可以借助这一功能开展范围更广的定向营销，因此微信群组对于企业来说是一个很好的机会。

2. 朋友圈的定位策略

（1）分析朋友圈资源优势，定位预售的产品及售价。

生活中，各种在朋友圈销售产品的例子屡见不鲜。不管是白领，还是创业者，他们在销售产品之前都要先分析一下自己的朋友圈，如产品目标受众、产品受众的购买力、自己与受众群体的互动情况等。在这些分析基础上决定销售策略。

（2）以手头产品去定位目标粉丝。

在朋友圈中销售产品会出现产品和粉丝不匹配的问题，这就需要营销人员利用反向思维为自己的产品筛选粉丝。筛选朋友圈粉丝的方式也有很多种，包括利用 QQ、电话簿、散发名片等，当然要在名片上印上微信二维码，或者自己的微信号。在朋友圈中销售产品不要追求粉丝的绝对数量，而是重点关注粉丝与产品的契合度，也就是针对特种产品把粉丝质量放在第一位。

3. 公众号的功能与定位策略

（1）微信及公众号的强大功能。

现在，微信是全民社交工具。在微信上，社交已形成了一个纷繁交错的网，每一个有社交需求的人，都无法离开微信这张网。

微信公众号是企业或商家在微信公众平台申请的应用账号。通过公众号、企业或商家可实现与特定群体的全方位沟通，形成一种线上线下互动模式。截至 2022 年，我国微信公众号约有 6000 万活跃账号。

服务号是客户管理的利器。在微信平台上，每个商家的用户信息，即积分、消费记录、消费内容都可以被微信服务号记录下来，留在商家的数据库中。服务号已变成了商家的 CRM 平台。

微信是大家的移动钱包。手机话费充值、购买电影票、购买各种商品，甚至 AA 收款和公益支付都可以通过微信完成。

微信是同城生活的导航。腾讯地图与微信全面打通并且开放后，微信就可以向第三方微信公众号提供一套基于地理位置的综合解决方案，包括录入网点位置、向用户发送位置、帮用户计算到达线路、查看街景等。用户可以轻松地通过微信公众号直接查找地点、预览环境，体验感获得极大提升。

（2）公众号的定位策略与方向。

微信订阅号本质上就是一个自媒体，就微信订阅号的形式与内容来看，该自媒体与微博自媒体不同，更像是杂志化了的自媒体。一个定位精准的订阅号，不仅能吸引到大量的粉丝，而且这些粉丝与订阅号的匹配度较高，即订阅号主的商业价值变现能力更强。更为重要的是，这些粉丝黏度高，能够与订阅号一起成长。

人群定位方法。任何微信订阅号的商业模式最终都是针对人的。订阅号无论要推荐什么样的商品或服务，都离不开与其相匹配的人群。微信订阅号的人群定位，就是找到某一类型的人群，并把自己的订阅号内容推送给该群体。人群定位的前提是对粉丝进行类型划分。总之，微信订阅号的人群定位，就是根据自己的产品或服务，去寻找与之匹配的人群。

行业定位方法。行业定位相对容易理解。订阅号的产品隶属于哪一个行业，订阅号就应向这个方向努力。行业的定位要和产品的定位紧密联系起来。

地域性的订阅号普遍引起人们的关注。通过地域定位的微信订阅号，在移动互联网社区化趋势明显的当下前程无量，值得有志于在微信上创业的人们关注与研究。相信，随着微信订阅号营销的不断成熟，地域定位的订阅号将不断壮大，甚至将成为未来订阅号的主流。

产品定位方法。产品定位就是以本来已有的产品或品牌作为订阅号的定位基础。

功能定位方法。功能性定位是指订阅号的内容按企业或商品的功能为主进行推送，如养生号、股票交流号等。

内容定位方法。内容定位方法是一种不大容易理解的定位方法。简单来说，内容定位的实质就是在公众号运营的过程中依据推送者的风格精选内容，满足粉丝的喜好。

第五节　企业财务战略管理创新

　　企业财务战略是财务管理和企业战略管理的结合体，具有财务管理和战略管理的共同属性。科学定义财务战略的内涵，应该一方面体现它的战略属性，另一方面体现它的财务属性。在战略方面，企业的资金运动应从属于企业的整体战略之下，为企业的整体战略服务。在财务方面，企业应妥善安排资金的去处，使资金保值增值。因此，企业财务战略管理就是妥善安排企业现有资金流向，一方面为企业的宏观战略服务，另一方面使企业资金保值增值。

　　不论是为企业的宏观战略服务还是为实现企业资金的保值增值，企业财务部门都要安排好企业现金流动，实现收支均衡。现金均衡流动是指现金流入与现金流出是匹配的。也就是企业的现金需求能够被及时满足，企业的现金余额能够创造最大的价值。如果企业的现金不能均衡流动，那么企业就有可能面临资金链条断裂或者闲置资金不能创造价值的情况。对于一个企业来说，其现金流动往往受到多个因素的影响。有些因素是常规性的，而有些因素则是突发性的。企业必须在常规因素影响之外保持适当的现金流，以增强企业对突发事件的适应能力。也就是说，企业要保持一定的现金盈余。

　　总之，企业财务战略可以定义为在企业总体战略之下，分析内外部环境对企业价值创造活动的影响，谋求企业现金的均衡流动，并最终实现企业现金流转和资本运作全局性、长期性和创造性的筹划。

一、企业财务战略的目标

（一）设定财务战略目标的原则

财务理论的一个基本原则是，投资者要求的回报与风险相对应。

图 3-5 为风险—回报曲线。这条曲线显示在任何一个特定的风险水平上，企

业可以得到的必要回报。虽然这个被简单地标示为"风险"和"回报",但是实际上它们代表着"预期风险"和"必要回报"。如果一家企业不清楚其发展战略中要承担的全部风险,那么这家企业对于发展战略中未来有可能产生的必要回报就缺乏了解,其得到的回报就有可能低于更加明智的投资者所要求的回报。对于一个成熟的企业来说,其投资往往需要经过多个方面的审核,因此出现巨额亏损的概率很低。然而一个没有经验的企业可能会对风险过于敏感,其所要求的回报也就会更高。因此,企业的战略投资必须在财务上精准衡量其面临的风险,这对企业的财务战略制定具有至关重要的意义。

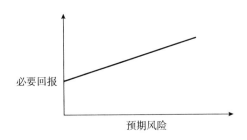

图 3-5　风险—回报曲线

(二) 企业财务战略的总体目标

在一个完全竞争市场中,市场的约束力量降低了企业的风险投资收益,企业创造的股东价值极低。

在当前的市场经济体系中,最不完善的市场是产品市场。在这个市场中,企业可以通过正确的竞争战略创造持续的竞争优势,从而为股东创造价值。例如,当企业进入某一个产业之后,可以迅速创造新的产品,引领该市场产品消费的潮流。这个引领过程,实际上就是企业创造价值、设置市场进入壁垒的过程。在这个过程中,企业会通过各种手段将竞争者排挤出市场,从而长期持续地创造股东价值。

对于资金的运作来说,通常可以划分为两个步骤,分别是投资于某一个企业和企业再投资于某一个项目。对于企业来说，需要准备两个方面的工作：一是对项目的风险和回报进行衡量，并编制报告，从市场上寻找资金来源。二是在找到资金来源后对项目进行监督，以维护企业的信誉。因此，对于企业来说，企业财务战略的内涵是以最适合于企业自身的方式融资，并管理和使用好这些资金。

在完全竞争市场中，任何企业的整体项目组合只能恰好满足投资者要求的风险回报。事实上，现代财务管理理论认为，对于企业所承担的不必要风险，以及管理者造成的浪费，投资者不可能得到财务补偿。因此，投资者通过分散投资方式减少整体投资的风险，以降低对于单个企业的依赖。企业要了解自身在金融市场中的地位，并衡量其在金融市场上的吸引力，调整战略以吸引足够的投资者。

从投资者出发并反馈到企业的财务管理观念的这种投资方式意味着若企业的投资选择不够恰当，其投资的项目组合会增加企业的整体经营风险，进而影响企业的整体价值。在专业投资者看来，高风险必须有高回报作为必要的补偿。因此，企业必须对财务战略进行适当的监管与资源整合，在控制项目风险的同时获得较高水平的收益，以回报投资者。企业的资源整合可以参考投资者的投资策略，即进行多方向的投资，降低企业整体的财务风险。

较为有趣的是，一部分企业采取的多样化产品投资战略并没有提升股东价值。如果企业在产品投资战略前期投入了巨额成本，那么企业就有可能成本负担过重，从而降低了投资者的利益。对于那些明智的投资者来说，必须要创建多样化的投资组合，以更低的成本来降低投资风险。因此，一个有效和理性的金融市场必然会惩罚那些不创造价值反而影响总体管理成本的企业投资方式。事实上，在投资实践中，企业的这种做法也是为了创造更多的股东价值，损害股东利益也会降低企业的长期价值。对于企业的财务战略安排来说，这不仅仅是一个增加回报或者降低风险的简单问题，而是要在适当的风险预期下制定出相应回报水平的投资组合。

必须指出的是，企业领导者和投资者对"风险—回报"的理解通常存在冲突。这种冲突最终会影响到他们对企业目标的理解。专业的投资者和企业管理者所站的角度不同，对待风险的看法也不同。对于投资者来说，他们尽可能地采取多样化投资方式降低总体风险。对于企业管理者来说，这一点是难以做到的，因为企业管理者的精力有限，投资方向有限，而且还受到企业主营业务的限制，因此企业会集中向几个领域进行投资。一旦某个项目出现问题，这个企业的运营状况就会出现风险。企业的财务战略并不是多样化投资，而是在积极调查和精准监控的基础上有效应对来自企业内外部的风险。

企业的运行风险还和经理人有很大的关系。企业经理人往往是行业内较为权威的专家，他们对于降低企业运营风险有着较为丰富的经验，往往能够将企业的风险控制在一个较低的水平内。一旦该经理人出现问题，那么这个企业的项目运营就会中断。

风险资本家仅对高风险高收益项目感兴趣。他们并不关注那些低风险低收益的项目，一旦这种项目达到较高的收益水平以后，就会引起他们的关注。不可避免地，这种项目的风险也较高。市场中，还存在风险厌恶型和风险中立型的投资者。风险厌恶型的投资者只能接受特定风险水平以下的投资项目，一旦投资风险超过该水平，那么他们便会厌恶这类项目。对于风险中立者来说，他们要在适当收益的情况下尽可能降低风险。这也说明企业的财务战略没有必要迎合所有投资者的偏好，而是要迎合特定投资者的偏好。

二、财务战略的特征

（一）支持性

财务战略是企业整体战略的组成部分。企业战略是全局性的战略，它以对竞争对手的分析为出发点，以谋求企业竞争优势为目标，凭借企业所拥有的技术优势、产品差别优势、成本优势等实现企业目标。因此，企业战略指导着财务战略及其他战略的制定。企业的财务战略是通过合理安排企业的资本结构及现金流动，提高企业资金的使用效率，建立健全企业风险预警系统，为企业的整体战略目标实现提供良好的财务保障基础。

（二）相对独立性

企业战略包含着多个方面的安排。从企业战略的角度看，财务战略的相对独立性基于：一是市场经济环境下财务管理不再是企业生产经营过程中的附属职能，而是有其自身特定的内容，主要包括企业的投融资和股利分配。企业的财务战略与其他战略之间既相对独立又密切联系。二是财务战略管理的资金投放与使用和企业的其他战略是不可分割的，如产品销售为财务管理提供资金来源，生产环节则消耗了企业的资金。

（三）动态性

由于企业所处的环境是发展变化的，因此企业需要对财务战略进行相应的调整。一般来说，企业战略制定需要立足于长期规划，并具有一定的超前性。但是，战略是在企业所处环境的基础上产生的，而环境的变动是不可预期的。一旦出现这类变动，管理者必须迅速对企业财务战略做出调整，以适应新的环境和发展需要。

（四）综合性

综合性是指企业财务战略必须要反映企业现状及未来发展的全貌，对企业的供、产、销等方面的资金需求及资金来源有全面的预期。只有在此基础上，管理者才能根据企业财务战略综合把握企业的需求。

（五）全员性

尽管企业财务战略的制定和实施的主体是财务职能部门，但是这并不意味着企业的其他管理者在财务战略制定过程中没有起到作用。由于企业财务战略涉及企业多方面管理活动，企业的其他部门也必须参与其中，以确保企业财务活动对本部门的支持。因此，在企业管理过程中，无论是高层管理者、财务部门人员，还是其他部门人员，都要参与财务战略的制定。

三、财务战略决策需要考虑的内容

（一）企业财务战略决策面临的主要问题

第一个问题是企业的资产规模。资产规模的大小决定了企业运营过程中所牵涉问题的层次和复杂性。一般来说，企业的资产规模越大，企业所面临的问题就越多，也越复杂。

第二个问题是企业的债务资本和权益资本的比例。MM 理论认为该比例的高低并不影响企业的盈利，然而在实践中，该比例的高低会显著影响企业的盈利。债务资本和权益资本的属性不同。企业必须为债务资本付出利息，却可以不支付股息。因此，对于企业来说，要在不同的时期确定不同的债务资本与权益资本的比例。

第三个问题是利润中股息支付和留存收益的比例。对于急于扩张的企业来说，股息支付会相对较少；对于成熟企业来说，股息支付则相对较多。

第四个问题是是否要进行权益资本扩张。权益资本扩张涉及方面较多，企业往往会从多个方面慎重考虑。回答该问题的人员主要是企业的高层管理者和所有者。

（二）企业制定财务战略考虑的主要风险

对于所有企业来说，至少要面临一种风险，那就是经营风险。而对于财务管理来说，则需要额外承担另外一种风险，即财务风险。对于一个正常运行的企业来说，风险来自企业的经营风险和财务风险两个方面。企业的高经营风险和高财务风险、低经营风险和低财务风险都是不可取的战略。

（三）企业的生命周期

企业生命周期模型显示了企业在不同发展阶段的业务变化。企业在不同阶段所面临的经营风险和财务风险也有所不同。

企业产品的销售、利润和现金流水平将会随着时间的变化而变化。在企业生命周期的初期，产品销售亏损，现金流为负。企业进入成长期以后，销售产品将会盈利，但由于前期投入的大量成本，企业的现金流依然可能为负。在进入成熟期以后，企业的盈利水平稳定，现金流则会转为正值。因此，对于企业来说，必须调整财务战略，制定不同的策略来对抗企业在不同阶段下面临的风险。

（四）债务融资和权益融资的权衡

通过负债筹集资金的方式是不可取的，这对于企业来说，将会增加自身的整体风险，有可能导致现金流出。因此，在初创期，企业应该借助于风险偏好型投资者的资金。在成长期，企业依然存在经营风险，但是这时的企业已经开始盈利，因此企业可以举债运营，以缩短产品的生产周期。在成熟稳定期，企业应尽量采用廉价的债务资本代替权益资本，实现产品的大规模扩张。

四、企业财务战略管理新策略

在电子商务与信息环境下，企业财务管理发展的趋势将会是信息化。

（一）常规软件通信技术在企业财务战略管理中的应用

常规通信技术能够实现多个部门的有效协同，从而实现相关部门的沟通。财务战略是企业战略的重要组成部分，其制定过程必须考虑到其他部门，将多个部门联系起来，从而实现企业战略的有效控制和执行。

常规通信技术还能够实现对财务战略执行情况的监控。通过多方面信息的协同，常规通信技术可以有效整合多方面的信息，自动生成完整的财务报告。常规通信技术能够及时调整财务战略。财务战略是静态的，同时也是动态的。之所以是静态的，是因为财务战略要保持长期稳定；之所以是动态的，是因为财务战略要积极应对外界环境的变化。常规通信技术的发展已经能够将企业的外界环境信息融合进来，向管理者发出及时预警，提醒管理者关注战略执行的外部环境，并采取有效措施应对企业外部环境的变化。

（二）大数据及云技术在企业财务战略管理中的应用

大数据及云技术是当代计算机通信领域的发展重点。目前，大数据及云技术已经融入财务战略管理领域。首先，企业可以利用大数据及云技术洞察外界环境的变化。大数据及云技术的一个重要特点就是具有前瞻性。通过对大量数据规律的探讨，大数据及云技术能够对外界环境变化进行分析，预测未来环境变化的规律。企业可以根据云计算的分析结果转变策略，及时规避外界环境的负面影响。其次，企业可以利用大数据及云技术监测行业标准变化，帮助企业及时调整战略。最后，大数据及云技术可以帮助企业观察竞争对手的变化，有助于企业保持竞争优势。

第六节　企业人力资源战略管理创新

每一家公司都需要确保公司的各项人力资源管理政策和各种人力资源活动能够与组织的总体战略目标相吻合，因此人力资源战略与企业发展息息相关。

人力资源战略管理背后的理念非常简单，就是在制定人力资源管理政策和措施时，管理者的出发点必须是帮助公司获得为实现公司战略目标所需要的员工技能和行为。公司高层管理者要制定关于人力资源的战略规划，该规划包含员工素质要求、绩效评估方法和价值评估技术等内容。

人力资源管理战略产生于 20 世纪 80 年代，虽然学术界当前还没有统一的人力资源战略管理定义，但是在其基本内容方面，学术界已经认可了人力资源战略管理是企业战略管理的一部分，即人力资源管理可以对企业战略管理提供支持。

从人力资源管理活动出发，人力资源战略居于统领的地位。人力资源管理更加偏重于企业决策、规划与实践活动，而非具体人力资源管理事务的执行。人力资源管理者从过去的由一般执行者担任到现在的由关键战略制定者与倡导者担任，可见企业越来越重视人力资源，因此人力资源管理战略提高了人力资源管理部门的受重视程度，也提高了人力资源经理的受重视程度。

一、人力资源战略管理的模式

（一）最佳实践人力资源战略模式

这种模式认为在既定的人力资源管理环境中，恰当的人力资源活动可以提高组织的生产绩效。企业可以通过建立并实施各种各样的机制和方法来实现企业效益最大化。

最佳实践模式主要从以下方面影响企业绩效：

（1）甄选方面。选择员工招聘来源、甄选测验的效度、结构化的甄选程序、认知与能力测验及加权申请表格五种甄选活动能够提高企业盈利水平。

（2）培训方面。结构化的员工训练对企业绩效有显著的正向影响。

（3）绩效评估和薪酬方面。绩效管理模式对企业绩效有显著的正向影响。

（二）权变模式

在企业不断变化的经营环境中，最佳实践模式的策略遭到了一些企业管理者的质疑。他们认为企业绩效只由人力资源管理活动影响是与企业管理活动明显不符的。企业必须根据自己当前所处的环境采取更为具体的管理策略，将企业目标落实下来，企业绩效才会有显著的提升。一项探讨战略性人力资源管理对组织运作影响的实证研究表明，特定的人力资源管理活动对组织绩效有正向影响，如利润分享计划、工作保障等，当然必须配合内部职业发展机会、结果导向的绩效评估与员工参与等特定的人力资源管理活动，这样才会获得较佳的组织绩效。

（三）最佳配合模式

最佳配合模式认为不同类型的人力资源战略管理适合于不同类型的企业条件。企业需要制定在各个方面适合自身的人力资源战略，包括产品市场、劳动力市场、企业规模、企业结构、企业战略和其他相关因素。

一般来说，最佳配合模式主要有三种，分别是生命周期模式、组织结构模式和人力资源模式。生命周期模式将人力资源战略决策的选择与企业在其生命周期不同阶段中的需求联系起来。该模式认为，在每一个阶段，企业都有不同的经营需求，因此要制定不同的人力资源战略。组织结构模式认为有效的人力资源管理战略能够提高组织的效益。该模式认为，管理人员应该将人力资源管理作为一个完整的工具运用到战略决策中去，关键的管理任务是调整企业结构与人力资源系统，从而使它们共同推进战略目标的实现。人力资源模式将企业的竞争战略与人力资源管理实践相联系，通过总结理想员工的"角色"行为来构思人力资源战略。该模式的关键点不仅在于员工的行为，而且还在于引起行为的知识、技能、态度和胜任力素质，这些对企业的长期生存产生重要的影响。

二、人力资源战略管理的实施

在战略形成过程中，人力资源管理的目标是配合企业的战略，所以人力资源管理应该发挥其约束战略和指导战略的作用。为了实现这一作用，企业人力资源管理部门应该制定一套组织程序。人力资源高层管理人员作为企业战略规划领导小组的重要成员，直接参与企业重大战略决策，确定战略目标。首先，在分析企业环境时，人力资源管理部门要分析其面临的企业环境和具体的人力资源环境。其次，人力资源战略的选择受到人力资源环境、企业环境和企业战略选择的影响，同时人力资源管理战略选择也影响企业的战略选择。最后，企业制定的战略规划和人力资源战略规划两者相互影响，也都受到各自战略选择的影响。

在企业战略的实施过程中，人力资源管理可以从四个方面着手，采取有力措施，为企业战略实施提供基础保障，使企业获得和保持战略竞争力。

第一，在基础管理层面，主要是以组织设计和工作职位分析为基础，确定企业未来人力资源的规模和结构，同时根据相关法律法规和环境条件，及时吸纳外部人力资源进入企业并对其进行有效的配置。

第二，在激励层面，人力资源管理主要是依靠绩效考核和薪酬设计两个管理工具，把组织目标和个人目标、团队合作和个体角色、统一行动和多元化行动相结合。

第三，在股权激励层面，根据"以人为本"的经营理念和基本原则，彻底变革企业的产权制度和治理结构，实行员工持股计划、管理者收购和经理股票期权政策，使员工、管理者以企业目标为终身目标。

第四，在企业整合层面，人力资源管理可以建立畅通的沟通渠道和民主机制，使信息能够在企业各个层级顺畅流动，使员工能够充分了解企业情况，知道企业所面临的具体环境，并对此做出自己的贡献。

三、人力资源管理规划

人力资源管理规划是人力资源战略展开的第一步，是人力资源战略下的人力资源发展计划。从内容上看，人力资源规划包括人力资源岗位数量、某一岗位需要的人数、岗位人才的流失率预估、人力资源部门需要制定的激励措施。

（一）人力资源规划的类型

人力资源规划的类型有许多种，包括人事计划、战略人力资源规划和战术人力资源规划。

（1）人事计划。这是一种传统的人力资源规划，主要考虑人员的招聘与解雇，没有重点关注人力资源的保留与能力提高，因此很难达到企业的目标，在现代企业中较少运用。

（2）战略人力资源规划。这种规划主要是将企业的战略目标融入人力资源规划，对企业人力资源发展状况进行长达三年以上的规划。该规划主要考虑宏观影响因素。

（3）战术人力资源规划。这种规划主要考虑了企业的战术目标，是一种年度人力资源规划。该规划主要关注微观影响因素。

（二）人力资源规划主体

人力资源规划主体包括企业高层管理者、人力资源部门人员、职能经理及管理专家，如表 3-2 所示。

表 3-2　各种相关人员在人力资源规划中的作用

人力资源规划项目	高层管理者	职能经理	人力资源部门人员	管理专家
制定企业战略目标	◆			
制定企业战术目标	◆	◆		
制定人力资源目标	◆	◆	◆	◆
采集信息		◆	◆	◆
预测内部人力资源需求		◆	◆	
预测外部人力资源需求			◆	◆
预测外部人力资源供应		◆	◆	
分析企业人力资源现状	◆	◆	◆	◆

续表

人力资源规划项目	高层管理者	职能经理	人力资源部门人员	管理专家
制定企业战略人力资源规划	◆		◆	◆
制定企业战术人力资源规划		◆	◆	◆
实施人力资源规划	◆	◆	◆	
收集人力资源规划实施反馈信息		◆	◆	

（三）人力资源规划模型

1. 人力资源规划的内容

人力资源规划的制定首先要依赖企业的目标，换句话说，人力资源规划的主要任务是为了达到企业的目标。其次，要依赖工作分析。最后，人力资源目标和工作分析的结果要体现在员工招聘、测试与选拔、培训与开发上。

2. 人力资源规划的步骤模型

人力资源规划共分为确立目标、收集信息、预测人力资源需求、预测人力资源供应、制定人力资源规划、实施人力资源规划和收集反馈信息七个步骤。

确立目标是人力资源规划的第一步，主要根据企业的战略目标来制定。收集信息是根据已经确立的目标广泛收集外部和内部的各种有关信息。之后在收集信息的基础上，预测人力资源的供给与需求趋势。合理制定和实施人力资源规划，并收集相应的反馈信息。

四、企业人力资源风险管理

在当前的市场经济环境中，我国企业的人力成本不断上涨。相对于 10 年前，这种环境对我国企业的直接影响就是企业的人力资源风险不断提高。因此，我国人力资源转型的一个重要方向就是进行人力资源风险管理。

人力资源风险是由人力资源的特殊性和人力资源的不善管理造成的，如人员招聘失当，或是因为人员流失造成企业损失，企业薪酬导致企业的运行成本上涨。人力资源风险存在于人力资源管理的各个环节。

企业必须要从战略管理的角度来看待人力资源风险问题，采取有效的战略措施将人力资源管理的风险降低在可控范围内。

（一）人力资源风险的类型

人力资源风险存在于人力资源管理的多个环节中，根据人力资源管理各个环节，人力资源风险可以划分为三种类型。

1. 人力资源招聘风险

人力资源招聘风险主要体现在以下方面：

第一，被聘人员的市场储量与分布。了解被聘人员的市场储量规律是做好招聘工作的第一步。如果该环节没有处理好，那么在招聘之前企业就面临优秀人才流失的问题。

第二，被聘人员的总体素质。一般来说，被聘人员储量越大，企业招到高素质人才的机会也就越大；反之企业虽然能够招聘到员工，但是员工的素质可能不高。

第三，招聘的标准制定。招聘标准越高，则可选范围越小，甄别难度越大；招聘标准越低，招聘的成本和风险也就越大。

第四，人才测评时的失误率及误差大小。招聘时人员的表现与被聘后的表现常常出现反差，如何精准确定招聘人员也是企业考虑的问题之一。

2. 绩效考评风险

绩效评价的标准制定要尽量采取适中原则，一般应以中等难度为目标。考评标准过高，员工努力之后达不到要求，挫伤员工积极性；考评标准过低，努力工作的员工优势难以得到发挥，打消他们的积极性。绩效考评失实也是影响员工积极性的一个重要方面。绩效考评长期失实会导致员工离职，影响整个工作项目的开展。因此，绩效考评必须注意公平问题。

3. 薪酬管理风险

企业一般来说应该按照合同和公平报酬的基本原则来激励员工，否则将会导致员工满意度下降，造成人员流失。

（二）人力资源风险评价

人力资源的风险会导致人力资源的战略目标在实践中产生不同程度的偏离，有可能给企业带来不同程度的损失。因此，对于企业来说，必须采取有效的管理策略，将企业的人力资源风险降低到可以控制的范围内。在该工作进行之前，企业必须对自身面临的风险进行评价。评价可以划分为绝对评价和相对评价。前者主要衡量绝对风险的大小，后者则对具体风险的大小进行排序。

从风险的定义及产生损失的可能性可以看出，风险的评价就是对风险发生的概率和风险可能导致损失的大小进行评价。在企业人力资源风险评价系统中，企业至少面临三类因素，分别是被评价的企业人力资源风险、风险评价者、风险评价方法。其中任何一个因素发生变化都会影响到评价的结果。从人力资源风险评价的方法来看，常用的主要有两种，分别是定性评价方法和定量评价方法。

（三）人力资源风险管理的措施

1. 树立人力资源风险管理意识

作为领导者，企业管理者必须认识到人力资源管理中的风险问题，分析企业未来可能存在的各种人力资源风险，加强前期管理工作，实施有计划的管理措施。

2. 加强人力资源风险的全程防范

在招聘过程中，企业要确定所要招聘人员的能力与素质，对于不同的岗位，企业要采取合理的招聘方式。对于关键岗位，可以采用猎头招聘的方式，精准招聘高端人才。在用人阶段，企业应做好制度安排，建立合理的薪酬制度和体现企业内部管理公平性、激励性和竞争性的激励制度。企业还要加强文化建设，促进员工之间的交流与合作，培养企业的团队精神。在育人阶段，企业要高度重视员工培训工作，提高员工的能力，增强企业抵御各类风险的能力。在留人方面，企业要多管齐下，做到高薪留人、文化留人、感情留人等。

3. 建立人力资源管理信息系统

在人力资源管理领域，最为严重的问题就是信息不对称导致的人力资源管理风险。为了降低这类风险发生的可能性，企业需要建立一套完善的人力资源管理信息系统，加强监督与管理工作。人力资源管理信息系统的内容包括企业内外两个方面的信息。企业内部信息包括在职与离职人员信息、员工动态信息、人才储备信息等。企业可以通过跟进这些信息了解企业的运行状况。企业的外部信息包括同业人员的信息、同业人才需求信息、人才供应状况信息等。企业可以根据这些信息了解企业外部的人力资源发展状况。

第四章　数字化时代企业市场营销的创新发展

随着信息技术的不断发展，我们已经迎来了数字化时代。对于市场营销来说，数字环境为其带来了新的挑战和机遇，企业要想在新环境中争得一席之地，就必须充分把握这一机遇，选择最佳的营销方式。

第一节　数字化时代企业市场营销环境的变化

一、信息的交换更加数字化

（一）搜索是互联网最基础的信息工具

数字化时代，借助新的搜索引擎技术，数字化信息的便利被极大地增强了。通过搜索引擎查找能够在几秒钟内帮助企业与消费者找到目标信息，极大地提高了业务效率。通过关键词来搜索是最基础的搜索方法，如今计算机的计算能力、存储能力及网络速度已经能够让我们采用更为快捷的方法来搜索所需信息。例如，用户可以通过语音或者视觉搜索相关信息，或者结合个人的搜索历史及定位等搜索所需信息。

数字营销人员一直在持续提高搜索引擎优化的成效。搜索引擎优化是企业增加访问流量的重要工具之一，随着计算机处理能力及机器学习技术、搜索技术的提升，搜索引擎服务商逐步加大了语义搜索等高阶搜索技术的比重。对用户而言，他们能够获得更精准、更符合自身需要的信息。

　　云计算、语义搜索技术的发展，让计算机的学习能力获得了飞速提升。它对用户意图的理解越来越深刻，也越来越快速。在某些环境下，计算机甚至能够预测用户的搜索需求，无须用户输入更多的信息。移动技术、语音识别和大数据能够帮助计算机访问大量的社交、地理定位数据。基于这些数据的过滤和分类，它可以更准确地预测消费者未来的需求和行为。

　　1. 搜索活动具有重要意义

　　搜索引擎具有其他营销方式无法比拟的强大功能。在其他营销方式中，开展营销活动大多会打断人们正在进行的事情，而搜索营销则是从消费者的角度开展的，往往是消费者主动搜索某一商品并支付购买。在其他营销方式中，企业往往受限于那些被无差别地推送给目标市场的销售口号和广告词。企业试图用口号和广告词来吸引消费者的注意力，使他们在消费同类商品时可以由此联想到本企业的产品。此外，搜索引擎营销通过为特定消费者匹配恰当类型的内容，本身就具有较强的针对性，可以满足消费者的个性化要求。

　　（1）搜索活动普遍存在。

　　随着网络的普及应用，搜索已经成为一种普遍存在的活动。有人可能会对社交营销的实际效果产生怀疑；有人可能怀疑通过发送邮件开展营销活动的有效性；还有人会觉得数字营销总有一些地方并不适合自己。但是，很少有人会认为搜索营销没有效果。74%的购物者购买商品时通过搜索引擎查询产品信息。统计数据显示，77%的美国人通过搜索引擎了解与健康相关的各类信息；78%的B2B买家通过搜索引擎挑选符合要求的产品。[①] 对于大多数商业模式来说，都需要搜索引擎作为基础。对于搜索营销来说，最重要的问题就是如何让消费者搜索到自

---

　　① 陆生堂，卫振中. 数字经济时代下企业市场营销发展研究［M］. 太原：山西经济出版社，2021.

己的产品。

（2）检验企业可信度。

搜索引擎营销在当前这个时代具有不可替代的重要作用，各行业、企业都应该充分利用这种模式开展营销。随着网络的普及，人们越来越多地利用搜索检验企业的可信度。虽然通过电视广告和杂志文章也可以让人们了解一家企业，但是这种了解程度与人们实际购买之间仍然存在较长的距离。

在当前这个数字化时代，人们想要了解某个产品，首先想到的便是上网搜索相关信息，而不是向其他人询问相关问题。正因为搜索成为人们生活中必不可少的一部分，导致搜索营销成为企业开展营销活动的重要方式。

（3）吸引消费者注意。

通过数据统计可以看出，搜索营销具有强大的力量。在搜索营销中，企业也许并不能直接了解搜索者的实际情况，无法了解他们的个人特征，但是却可以从他们的搜索行为中了解他们想要获得的产品。如果营销是针对目标人群提供有说服力的信息，那么搜索就是让消费者揭示自己的身份并发现自身感兴趣的内容。

通过消费者搜索的关键词，商家可以了解他们的真实想法。由此可见，搜索并不仅仅是一种引导管理的工具，更是企业进行市场研究的有效方式。一般情况下，市场研究并不会引起广泛的关注，因为企业更重视结果，重视那些能使消费者产生实际购买行为的技术，搜索就是具有这种能力的技术。企业可以通过搜索准确定位真正想要购买自身产品或服务的消费者，相较于传统的广告营销，搜索营销可以定位潜在顾客。通过实践，很多企业都发现利用搜索引擎开展营销活动可以在一定程度上降低维持潜在顾客的成本。

2. 全面了解搜索者所处的环境

通过上面的分析可以看出，检验是搜索的一项重要功能。想要充分利用搜索引擎开展营销活动，需要充分了解消费者搜索时究竟在做什么。

说服搜索者购买自己的产品和服务，商家应该全面了解和分析消费者的行为。了解搜索者所处的环境，也就是掌握消费者使用的搜索设备、搜索的实际内容，只有在充分了解这些信息的基础上，商家才可以使自己的营销更具有说服力。

（1）搜索设备。

在网络刚普及应用时，人们都是通过计算机进行信息搜索的。在这样的环境下，商家很容易捕捉搜索者的位置。随着移动互联网和各种智能设备的普及，搜索已经不仅仅局限于公司或家里，搜索者可以随时随地进行搜索。这也意味着商家的"本地搜索"数量正在不断攀升。因此，为了更具针对性地进行搜索营销，商家应该将注意力更多地放在移动设备上。目前，商家并不能断定使用移动设备进行搜索的人一定处于外出状态，即使在家中或是在办公室，也有很多人选择使用移动设备进行搜索，尤其是在智能手机普及应用的今天，"手机不离手"已经成为一个社会现象。此外，随着笔记本电脑的普及，消费者利用 PC 端开展搜索活动也不一定是在家中或是办公室，在外出时同样可以使用笔记本电脑进行搜索。虽然用于本地内容搜索的移动设备越来越多，但是我们应该意识到这些设备还可以在很多地方使用。因此，要理性地看待和分析数据，从数据中掌握有用的信息，而不是吸收所有信息。

（2）搜索信息的内容。

人们会在搜索引擎中输入不同的关键词来搜索自己需要的信息，通过掌握潜在顾客已经输入的关键词，商家可以进一步判断他们经常使用的关键词。除了关注关键词外，商家还应该关注搜索者正在搜索的信息类型。

随着网络技术的不断发展，网页不只是各种链接的罗列，而是充满了各种图片、文章、视频等。营销人员在开展搜索营销时，不仅需要选择符合搜索者需要的主题，同时还应该为他们提供最恰当的搜索类型。营销人员可以在搜索引擎上搜索一些自己认为消费者会搜索的关键词，观察搜索出的具体内容，同时对不同搜索引擎的搜索结果进行比对。

（3）搜索者之间的相互作用。

搜索营销经过一段时间的发展，在很多领域获得了一定成就，而这种营销方式还在不断进步中。随着时代的发展，出现了一种新的变化，即搜索用户体验，当搜索者输入关键词时，移动设备显示屏上会显示各种搜索结果。

用户体验的一个显著变化就是个性化。随着搜索引擎公司在该领域的长期研究，近年来搜索领域的个性化已经取得了一定成效。在用户体验个性化趋势下，只要登录账户，搜索引擎就可以通过用户的位置、设备、兴趣及社交网络信息为其提供更具个性化的搜索筛选结果。这种个性化的搜索筛选从本质上改变了搜索结果和用户体验，对于原有的搜索内容安排产生了巨大影响。

在这种模式下，搜索结果页面越靠前的信息就越重要，随着时间碎片化程度的加深，人们花费在选择上的时间越来越少。曾经人们为了搜索某个结果可能会花费很多时间，但是现在人们会快速做出选择。由此可以看出，在搜索结果中排在前面具有多么重要的意义。

（二）品牌网站是品牌在互联网上的核心阵地

在供给侧结构性改革的背景下，国内广告业的角色认知开始发生改变，由"促进销售为王"向"打造品牌为王"转型升级。首先，国内当前有影响力的品牌寥寥无几，处于全球产业链的低端，只有打造更多的全球性品牌，中国经济才能实现供给侧结构性改革；其次，品牌化可以带来稳定的消费增长，推动消费整体升级，还可以形成诚信的消费文化；最后，所有的品牌都是在与消费者关系深度发展中成长起来的，品牌化可以促进我国产业转型升级。

品牌网站（企业官网）是品牌在互联网上的核心阵地。通过搜索等方式导入的流量，大多数都会指向品牌网站，品牌网站已经成为数字消费者最主要的信息来源，其还具有客户吸引、客户营销、客户服务的实体业务功能。作为商业组织的数字旗舰店、信息展示中心及在线分销体系，品牌网站必须扮演多种角色，挖掘新的销售线索，维护现有客户。

（三）电子商务是传统业务模式的升级

作为品牌网站（企业官网）的延伸与补充，电子商务能够进一步加深企业的数字化变革，给客户提供非常便利的方式使其了解、比较、购买商品并获取服务。在过去，可能许多企业都认为，电子商务只是一个补充渠道，但是电子商务近几年的蓬勃发展已经让企业难以忽视这样一个事实：电子商务已经颠覆了传统业务模式，是对传统模式的一种升级改良。

在消费升级的背景下，"80后""90后""00后"成为消费的主力人群，他们的消费诉求也从生存型消费向享受型消费、发展型消费转变，更加青睐高品质、时尚化的商品和服务。用户消费习惯的改变必然带来营销方式的变革，传统的降价促销方式已经不能完全满足年轻消费者的需求，国内的电商营销也开始转型升级，不仅仅体现在销售商品方面，还体现在打造新的生活理念方面。

如今，客户希望获得强关联、易于相互转换且便利的用户体验。在这种背景下，企业必须确保它们的电子商务平台不仅提供在线交易服务，而且还要整合社交媒体及移动平台。或者更进一步，将线下线上渠道统一整合起来，为客户提供全方位的购买体验。

拥有良好视觉表现手段的电商网站能够帮助用户搜索到最合适的产品，在短时间内既能对比不同产品的价格方案，又能提供安全、迅速的支付手段。用户通过使用它可以方便地表达购买体验。同时，它还能帮助企业建立品牌信任。一般认为电商的消费者可能只是年轻群体，但事实上电子商务的用户遍布所有年龄阶段。

移动电商帮助实体商店收集了更多的交易数据，从而能够进一步优化用户体验，提供更具个性化的购买建议，这缩小了线上线下交易的体验差距。移动电商模糊了物理世界与虚拟世界之间的界限，推动线上线下交易的融合，最终形成高度集成、全渠道的购物体验。

（四）移动支付给消费者带来方便和安全

移动支付给消费者提供了方便和安全两个优势。消费者通过手机就能够实现支付功能，而且消费者的财务信息并没有保存在一个物理实体上，而是在高度加密的云端服务器中。

移动支付拥有多种技术实现方式，其中短信验证码、二维码及近场通信支付技术是最常见的三种方式。近场通信支付技术是通过移动终端，利用近距离通信技术实现信息交互，完成支付的非接触式支付方式，如在商店门口，消费者只需要将手机靠近支付终端就能完成支付。

(五) 网络口碑帮助用户更深入地了解企业信息

网络口碑是指基于互联网分享的企业或者品牌的正面及负面信息。企业的口碑一直存在，然而在数字时代，它变得极为重要且无法忽视。互联网的匿名性让客户更自由地表达对企业的看法，而不再担心分享行为对现实行为的不利影响。互联网的传播效率，使现实社会中分散的、片段的口碑变得更为集中和一致，并能以指数级的速度迅速扩散。企业在某个区域市场中的失误，很可能会在几个小时内被传播到世界的每个角落。互联网的信息类型丰富，能够让口碑的接受者获得更多、更丰富、更贴近真实体验的信息。网络口碑帮助用户更深入地了解企业信息，降低交易的不确定性，因此也可以提升交易的可能性。企业需要时刻关注其网络口碑，并积极利用这一渠道提升营销传播效率。

1. 网络口碑营销平台

网络口碑营销的成功不仅需要遵循一定的营销原则、创建良好的网络口碑，还需要保证网络口碑可以被快速地传播，这就需要优秀的平台为其提供更好的传播途径。

网络平台的选择对网络口碑的传播非常重要，只有在一个正确的平台上，网络口碑才会产生并快速传播。针对不同商品，网络口碑营销平台可以划分为三类，如图 4-1 所示。

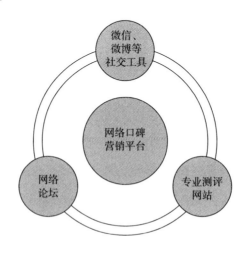

图 4-1 网络口碑营销的三大平台

（1）网络论坛。

网络论坛通常会集聚大量网民，他们会根据自己的兴趣讨论各种话题，而这类网站是开展网络口碑营销的平台之一。

（2）社交工具。

人们开始普遍使用网络社交媒体，并将自己的生活感悟分享至微信朋友圈、微博等平台。这些工具作为人们日常沟通交流的主要平台，也具有不可替代的重要作用。因此，对于网络口碑营销来说，这些高使用率的网络平台具有非常重要的作用。

（3）专业测评网站。

专业网站的测评主要是针对一些理性消费者，他们不会轻易相信网络上传播的各种热门信息，更相信专业测评，喜欢从专业测评网站上了解某产品或服务的用户体验。因此，专业测评网站也是开展口碑营销的平台之一。

网络口碑营销可以在这三种平台上展开，在实际操作中，营销人员一定要充分了解和掌握自身产品的特点，明确目标客户群，从而选择最适合自身的网络平台，只有这样才可以达到更好的口碑传播效果。

2. 网络口碑的参与者

开展成功的网络品牌营销不仅需要选择合适的网络平台，还需要各种参与者的积极参与。因为只有存在网络口碑的参与者，才可以实现口碑的创造和传播。按照网络口碑参与者的作用，可以将其划分为五种类型，如图4-2所示。

（1）制造者。

在网络口碑营销中，制造者是最重要的一类参与者，网络口碑就是依靠他们创造的。制造者作为产品的使用者和体验者，会将自己的实际体验分享到网络平台上，而其他网络用户可以通过他们的体验了解该产品。如果有一定数量的制造者分享自己的体验，就会在网络上形成一种集体共识，而这种共识实际上就是网络口碑。

有时企业为了促进销售会在一些网络平台上进行宣传和推广，这种宣传并不能形成口碑，只是单向宣传产品的广告。口碑只有在消费者群体中才能够传播形成，也就是说只有消费者才有资格成为网络口碑的制造者。

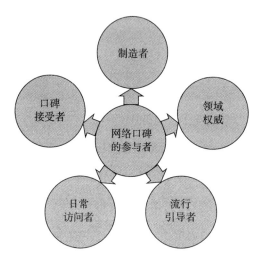

图 4-2　网络口碑营销参与者的类型

（2）领域权威。

口碑传播中的领域权威并不仅指专家学者，而是包括在某一领域内具有一定话语权的所有人。领域权威可以提高口碑的权威性和说服力。领域权威是某一领域中的舆论领导者，在网络口碑营销中具有重要的地位。一些比较有知名度的人也可以成为领域权威，如人气比较高的明星推荐某个产品，那么他的粉丝就会追捧这一产品。这也是很多企业喜欢找明星代言的主要原因。

（3）流行引导者。

在网络口碑形成之后，会有一部分网民最先接触相关产品，之后会通过各种途径进一步宣传该产品，而这些网民就是网络口碑营销的流行引导者。

流行引导者非常乐意接受一些新的理念和产品，他们敢于尝试，是网络口碑最早的传播者。在很大程度上，流行引导者是整个网络舆论的定调者，因此企业要重视流行引导者的重要作用。

（4）日常访问者。

日常访问者是网络口碑营销参与者中人数最多的群体，同时也是网络口碑最主要的传播者。网络口碑形成后，日常访问者会接受这一口碑并进行传播。相较于上面提到的三种参与者，日常访问者并没有庞大的网络影响力，但是他们可以实现网络口碑的大范围传播，对于网络口碑营销来说，这部分参与者提供了主要力量，处于十分重要的地位。

日常访问者是网络口碑营销中最重要的参与者。他们并不会创造网络口碑，也没有强大的影响力，但是他们是网络口碑人数最多的传播者。通过日常访问者不断地转载和分享网络口碑，使网络口碑在网络平台上实现最大范围的扩散。

（5）口碑接受者。

口碑接受者是网络口碑营销中的受影响者。例如，人们在选择观看哪部电影时，往往会关注电影的口碑如何，在电影上映后就会有一部分人接受该电影的网络口碑，并选择去电影院观看该电影，这部分人在网络口碑传播中就是口碑接受者。

开展网络口碑营销的最终目的是销售产品，提高产品的实际销量，并从中获得更多的利润。口碑接受者实际上就是口碑营销中的最终消费者。因此，对于网络口碑营销来说，其成功与否在很大程度上取决于口碑接受者的数量。

（六）App 能提供明确的行为目标及简单直接的用户体验

智能化移动设施的数量激增，使用户越来越依赖移动搜索功能。除了社交应用程序和本地搜索应用程序，零售企业的移动应用程序（App）在近几年也变得更加普遍。当然，微信作为一个大型的 App 已经可以替代很多单应用 App，这也是企业决定是否投资 App 之前应该权衡的因素。专用 App 能够提供更为明确的行为目标，以及简单、直接的用户体验。

二、客户之间的互动趋于数字化

随着数字化时代的来临，客户互动也发生了转变。企业要想更好地开展营销，就应该把握这一转变，关注社交媒体、人工智能和虚拟技术在营销中的作用。

（一）社交媒体具有大众媒体和自媒体的传播特征

大数据、云计算等互联网技术的飞速进步正推动国内电商营销产业不断升级和变革。"电商+社交"的营销方式，最大特点就是精准定向、用户洞察和效果分析：电商平台向广告主提供开放的数据管理平台，将自身积累的用户消费行为数据、来自媒体的用户社交行为数据和来自广告主的真实用户购买数据进行对接和整合，精准描绘用户画像，以用户深度洞察助力广告主实现精准投放。

社交广告因其能够洞察用户的个性需求，在多场景中满足用户内心的情感诉求，越来越受到广告主的喜爱。运用社交关系或粉丝关系来进行直播已然将直播全面推向大众，全民直播时代已经到来。从目前的运营来看，直播的盈利十分可观，直播行业市场规模由 2015 年的 120 亿元增长到 2021 年的 1844.42 亿元。[①]

随着新媒体技术的发展，社交媒体真正实现了"多点互动"，自媒体时代催生出越来越多的网络红人。通过内容生产、根植网络产生粉丝效应，形成自带渠道与流量，甚至拥有人格化的个人品牌，这些原本都是如报纸、杂志这样传统媒体的优势，如今社交媒体几乎全部拥有这些功能。

社交媒体是一种新型媒体形式，它同时具有大众媒体和自媒体的传播特征，也就是说，它既可以让用户面向大众传播信息，也可以实现个人或小群体之间的双向交流。

传播的实现必须有相应的传播媒介或传播渠道作为支持，电视、广播、杂志、互联网、口碑或电话通信等都可以作为传播媒介。不论营销者选择哪种媒介，都要以某种传播载具来承载相关信息。例如，如果营销者选择电视作为传播媒介，那么可以将《我是歌手》这类综艺节目作为传播载具进行相关信息的表达与传播。社交媒体也有很多网络传播渠道，并且每个渠道都可以选择相应的载具。

社交媒体领域看起来十分复杂，造成这种现象的一个原因就是该领域有很多传播渠道和载具，并且这些渠道和载具的更新速度很快。为了对传播渠道进行对

---

① 2021 直播市场规模超 1844 亿，主播账号累计近 1.4 亿 ［EB/OL］.［2022-08-10］. https：// www. gongshengyun. cn/yunying/article-66779-1. html.

比，可以将社交媒体领域大致划分为四类，如图 4-3 所示。

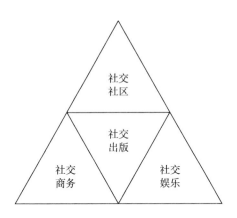

图 4-3　社交媒体四大领域

1. 社交社区

社交社区是指以关系及社交活动参与为重心的社交媒体渠道，社交社区的用户可以在平台上与有相同爱好或身份认同的人自由地开展交流互动。双向、多向交流是社交社区的一个主要特点，用户可以在平台上进行对话、合作，还可以在平台上分享自己的经历与资源。虽然所有社交媒体都是以人际关系为基础而构建的，但是通过互动与合作来建立和维持人际关系是用户参与社交社区最重要的原因。实际上，现在有很多社交媒体渠道都属于社交社区，如各类社交网站、留言板、论坛及维基网站。可以看出社交社区的种类多种多样，但其本质都是个体用户要在社区范围内为集体的交流、对话与合作做出自己的贡献。

形象地说，社交关系网站如同网络社区的接待员，通过社交关系网站用户可以创建、维护自己的个人主页，可以在平台上与其他用户交流互动，还可以使用网站提供的各项服务。这类网站会为用户提供很多相同的服务，其主旨都是帮助用户建立和维护关系，使他们在平台上开展各种交流与合作。在这类网站的个人主页上，用户可以选择喜欢的图片设置为自己的头像，通过设置相关内容提升自己的社交身份。用户需要在社区中保持一定的社交存在感，这样才可以使其他用户了解自己的个人情况、情绪状态并结交朋友。在这种网站上,圈内人就是我们在实际生活中经常提起的好友、关注者或粉丝,这些人会通过各种方式交流沟通并分享各种信息。圈内人会通过发私信、发帖、聊天和发送即时消息等方式相互交流与沟通。可以看出,社交关系网站提供的是同步与非同步交流的平台,其产出的内容可以是永久信息,也可以是暂时消息。

2. 社交商务

社交商务领域中,社交媒体的使用是为了更好地进行产品和服务的线上购买及销售。消费者购买商品的所有阶段都会在一定程度上受到社交商务的影响。社交商务的传播渠道也有很多类型,如品牌商务网站、交易网站、网上商城,人们可以通过这些网站获得相关商品的评价,这实际上也是一种社交。此外,企业为了更好地提供服务,利用一些软件工具来提升自身的社交功能。例如,开通微博、微信,这样可以实现与其他社交平台的联系,让用户以微博、微信的身份登录其他合作网站。分享类应用可以帮助用户实现分享,使他们能够在状态广播栏中发布并分享自己的生活,如自己正在阅读的书籍、正在参与的活动等。

社交媒体在我国的发展十分迅速,通过社交媒体开展网络营销也成为商家的最佳选择。尤其是对于品牌营销来说,社交媒体具有十分重要的作用,口碑创建与传播都需要充分利用社交媒体。品牌营销在社交媒体中的应用如图4-4所示。

3. 社交出版

社交出版网站的主要功能是面向受众传播内容。社交出版的渠道多种多样,主要包括以下三种:

(1)微分享网站。

微分享网站也叫作微博客网站,微博的性质实际上与博客相似,只是其限制了发帖字数,但很多网站已经取消了这种限制。在最初,微分享只可以分享一句话、一个短语或者是分享一段短视频。例如,新浪微博最初限制发帖字数为140字,目前已经取消了此限制。

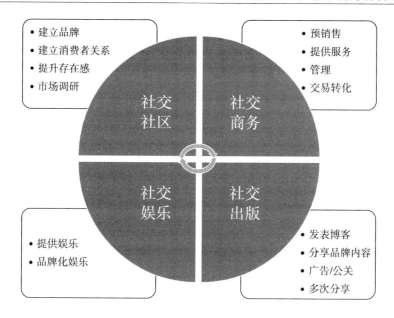

图 4-4　品牌营销在社交媒体中的应用

（2）博客。

博客出现的时间比较早，是一个用户在个人主页通过更新线上内容分享自己经历和经验的网站，博主可以在其发布的内容中加入文字、图像、音频和视频。博客对其用户身份并没有过多限制，从事各行各业的人都可以注册成为博主并分享自己的生活和专业知识等，因此博主既包含普通用户，也包含各行业的专家或组织机构等。博主的多样性使博客内容丰富多彩、形式多样、风格迥异，这样可以满足更多人的需要。博客的社交功能来自它所提供的社交分享工具，博客的互动性则体现在留言功能上。其他人浏览博主的文章后可以在评论区留言讨论，并形成系列话题。现在有一些博客还可以帮助博主编辑格式和进行互动管理。

（3）媒体共享网站。

媒体共享网站与博客网站相似，都是由博主对自己主页的内容进行管理。但媒体共享网站的主要功能不是分享文字，而是分享视频、音频、图片、报告或文件资料。用户在网上可以通过搜索直接找到媒体共享网站博主发布的内容，也可以直接关注平台上的内容发布者，从而更及时、全面地获得该发布者发布的内容。可以看出，这类网站同样具有社交和互联的性质。

4. 社交娱乐

社交娱乐平台的主要功能是为用户提供娱乐机会，主要包括游戏网站、社交型主机游戏、实景游戏等娱乐社区网站。

根据社交媒体当前的发展阶段来看，社交游戏属于社交娱乐领域中比较超前的行业。管理者通过管理并主持线上游戏，为玩家提供游戏、互动的机会。随着直播领域的发展和普及，现在很多游戏玩家在直播平台上直播自己的游戏操作，还可以将线上活动和游戏成就发布到个人主页上。

社交娱乐领域并不只有社交游戏，还包括娱乐社区。QQ是我国出现较早的社交关系网络，随着其不断开拓新的业务领域，已经将自己定位为社交娱乐服务。对于社交关系网络来说，其基础是用户的现实圈子，搭建社交关系网络只是将现实圈子转移到网络上，其本质并没有发生改变。就目前的发展阶段来说，社交娱乐还处于比较初期的阶段，更多地表现为一种传播渠道。但是随着该领域的不断更新和进步，一定会成为依托其他传统娱乐领域的全新网络社交领域。

需要注意的是，社交媒体的四大领域划分并不是固定不变的，但是通过搭建这样的框架可以更好地整理不同的社交媒体，将重点放在各个社交媒体平台最突出的功能上，基于此还可以在一定程度上对还未出现的平台进行一些初步预判。

（二）虚拟现实与人工智能将成为人类生活的重要内容

虚拟现实与人工智能近年来受到了极大的关注，而这也成为人们追捧的对象，尤其对于年轻人来说，这种高新技术引起了他们的注意。就当前的发展可以看出，未来人工智能将会成为人类生活中不可缺少的部分。通过人工智能，人们可以控制家用电器、进行道路导航。随着人工智能的不断发展，键盘和遥控器可能成为历史，人们会通过自己的人工智能管家管理自己的生活。

维基百科对人工智能的定义为：研究、开发用于模拟、延伸和扩展人工智能的理论、方法、技术及应用系统的一门新的技术科学。也就是说，人工智能研究的目标是使机器可以像人一样视、听、触、感觉及思考,现在研究出的人工智能包括指纹识别、人脸识别、虹膜识别、专家系统、智能搜索、逻辑推理等。

人工智能起源于1956年在美国达特茅斯大学召开的一次会议。被称为"人工智能之父"的约翰·麦卡锡博士在那次会议上首次提出了人工智能的概念,他认为人工智能就是要让机器的行为看起来像是人所表现出的智能行为一样。但是从今天的发展程度来看,这个定义并不精准。根据当前的研究实际,对人工智能的定义大致上可以划分为四类,即机器"像人一样思考""像人一样行动""理性地思考""理性地行动"。

在这里所提到的行动并不是指单纯的肢体运动,而是指通过思考采取行动,或制定行动的决策。

基于这种定义划分,形成了强人工智能和弱人工智能的区分。强人工智能,是指机器的思考和推理完全与人类思维一致;弱人工智能,是指其只是部分拥有人的思维、推理、情感和行动能力。苹果手机的"Siri""微软小冰"都是弱人工智能,因为它们只是拥有人类部分的思维、推理和情感等。人们在日常生活中应用的智能家居、智能汽车、无人机、智能手机等也都属于弱人工智能。

观察我们的生活就可以发现,当前人类社会已经进入弱人工智能时代,离强人工智能时代还有较远的一段距离。除人工智能外,虚拟现实也是人们正在体验的一种科技,有些人会将其纳入人工智能的范畴,但实际上并不是如此,如没有赋予头盔、眼镜或者其他物件智能思维,那么其看起来更像是一种工具。

人工智能与虚拟现实之间既有所区别又相互联系。人工智能创造的是一个接受感知的事物,虚拟现实创造的是一个被感知的环境。人工智能事物可以运用在虚拟现实环境中,可以通过人工智能进行模拟和训练。随着这两种技术的不断发展,会逐渐发生融合,这在交互技术领域中表现得更为突出。对于这种融合我们可以这样解释,在虚拟现实的环境下,随着交互工具和手段的逐渐完备,人和机器人的行为方式将逐渐趋同。

几年前,人类无法想象自己的行为习惯会因为移动互联网的出现而发生如此巨大的转变,而人工智能、虚拟现实也是如此,它们对人类的改变可能也会十分巨大。扎克伯格认为，虚拟现实会成为人类社会的下一代社交工具。

虚拟现实设备或产品，或将成为代替手机的下一个移动设备产品，这种替代就像智能手机替代了台式电脑一样。即使设备发生变化，人类的本性也不会发生改变。即使手机在一定程度上代替了电脑，但是通过观察就可以发现，人们利用手机采取的行为实际上是之前利用电脑所采取的行为。因此，即使手机被虚拟现实设备替代，人类行为的本质也不会改变。

人们在使用手机和电脑时，其大量时间都消耗在娱乐方面，而如今虚拟现实和人工智能的很多应用场景也是关乎娱乐消遣的，所以经过长期的发展，我们有理由相信人们会花费同样多的娱乐时间在体验虚拟现实和人工智能上。

不仅在娱乐领域，在其他领域虚拟现实和人工智能的结合也得到了广泛应用，如在教育领域这种结合就得到了一定应用。随着人工智能技术实现突破，很可能出现机器人教师，它们拥有大量的知识储备，它们可以根据教学中存在的问题构建出学生学习优势、弱势模型，从而有针对性地对学生开展教学，并且作为一种智能工具，这种教师程序可以被批量生产和复制。

借助于虚拟现实技术的进步，如果能将部分游戏的人机互动模式引入在线教学中，学生可以在更为真实的环境中接受机器人教师的在线教学，并且学生可以选择自己喜欢的虚拟教师形象、声音和性别等，如果实现了这样的教学技术，在线教育低成本、高质量的优势则可以更大限度地发挥出来。虽然现在的技术还无法达到虚拟现实和人工智能的真正融合，但是在未来的几十年中，这种技术融合一定会为人类社会展现出崭新的一面，引领下一波科技变革。

现在，虚拟现实技术带来了全新的"沉浸式"营销体验。目前比较成熟的"沉浸式"互动应用大致有两类，即游戏和视频。利用虚拟现实技术开展营销活动可以是视频，也可以是游戏，但绝对不能单纯地以 3D 形式对产品广告进行重新包装。"沉浸式"体验是一种个性化、私密化的体验，而在这样的平台中利用强硬的广告开展营销绝对不会产生好的效果，反而会阻断用户的"沉浸"状态。

就当前的虚拟现实技术应用来说，游戏所占的比重较大，但很多人认为视频才是推进虚拟现实技术普及并被广泛应用的有效途径。但是不论是采取游戏还是视频途径，虚拟现实技术都可以将数字营销带入"沉浸式营销"时代。虚拟现实技术可以帮助品牌构建全新的"沉浸式"体验平台，使人们真正体验到"身临其境"的营销，并且可以改变互动模式，从"描述解释"转化为"实时体验"。

虚拟现实技术是"第四代媒体"，也是引领未来发展的新媒体，虚拟现实营销有自己的独特之处。在拥挤的网络环境中，虚拟现实营销可以改变互联网生态。

三、数据的存储凸显数字化

随着时代的发展，数据产生速度越来越快，数量也越来越多，而在数字化时代，掌握数据是企业获得成功的关键。因此，企业应该加强对大数据技术和云技术的运用，加强对数据储存和处理的能力。

（一）大数据是数字营销时代不可或缺的重要部分

学术界对大数据还没有一个统一的定义。从字面上理解，大数据是指大量、海量的数据，但大数据并不仅如此。国际数据公司的报告中将大数据描述为：一个看起来似乎来路不明的大的动态过程。大数据并不是一个新概念，只是在近年来开始走向主流并引起广泛关注。大数据并不是指数据实体，而是一个横跨很多IT边界的动态活动。

大数据的典型特征是"大"，想要理解大数据，就应该理解此处的"大"。大数据与过去的海量数据之间的主要区别体现在四个方面，即数据体积大、数据多样性、价值密度低和速度快。

第一，数据体积大。大数据一般指容量在10TB规模以上的数据量。但这只是一个基本概念，在实际的应用中，很多企业用户会将多个数据集合在一起，从而形成PB级的数据量。

第二，数据多样性。大数据的来源十分广泛，数据的种类和格式也越来越丰富，大数据已经不再是原先被限定的结构化数据，它还包括半结构化和非结构化数据。

第三，价值密度低。大数据所创造的价值密度明显更低。根据福利经济学，生产率与单位商品的价值无关，只与其生产的数量有关，也就是指生产率高的企业可以在同等的时间内创造更多的价值。从这个角度理解，高生产率实际上就是通过生产和管理技术的革新形成更高的劳动复杂度，由于劳动复杂度的提高促使劳动者在单位劳动时间内可以产生更高的价值密度。

第四，速度快。根据相关数据统计，全球数据量以每年50%的速度增长。对于企业来说，数据本身就是宝贵的资产，在数字化时代，迅速掌握信息并实现数字化的生产和管理，成为促进企业发展的共识，这也是企业在当今时代生存并发展的必要选择。

另外，从大数据的"数据"来分析，它的确是海量的，它关乎数据量。实际上可以从三个方面对大数据下定义，即数量、种类、速度。也就是说，大数据是一个具有庞大体量和数据种类的数据集。可以看出，"大数据"本身并不是新出现的事物，而是随着时代发展出现的一种新现象。就当前"大数据"的情况来看，它即将突破现有常规软件所能提供的极限。

综上所述，全球战略咨询公司麦肯锡将大数据定义为：大数据是指无法在一定时间内用传统数据库软件工具对其内容进行抓取、管理和处理的数据集合。在一个充斥着数据的时代，企业和营销最大的挑战不在于数据本身，而在于如何提出有意义的数据解释。技术的进步让营销人员能够追踪、审查并完善数字活动的方方面面。丰富的数据源可以带来更多的机会，企业可以从海量信息中更精确地进行产品推广；可以通过分析千万个智能电表数据进行能耗预测，并基于此实施节能举措；还可以从营销人员的业务表现信息中发掘销售失败的原因及增加利润的空间。快速比较营销活动与现实结果的能力可以帮助企业不断完善它们的品牌信息和营销活动，通过营销内容更好地与客户和潜在客户建立联系。大数据是矿、是石油，大数据营销是大数据的商业化应用之一，而数字营销是客户、数据、技术的全面融合。

大数据是数字营销时代不可或缺的重要部分，可以帮助企业更好地处理生产、销售和管理方面的各种事务，提高企业处理各项事务的精准度。

（1）建立用户的品牌忠诚度。

随着数据统计技术的进步，商家可以利用数据统计分析用户的购买历史记录，并以此为基础建立数据模型，对其未来的购买行为进行科学预测，从而为客户提供个性化的服务，为其量身打造促销活动，避免用户流失。例如，超市可以对客户的购买记录进行分析，如果通过客户消费判断其怀孕，超市便可以为其提供有针对性的商业推销；如果客户在超市中购买了母婴用品，那么在今后的几年中，该超市都会根据数据模型的显示为该客户推送有关婴儿的产品，从而建立消费者对超市的忠诚度。

在实际的市场策略中，新增用户的获取往往比对存量用户价值挖掘更能获得市场人员的青睐，然而"二八定律"指出，企业80%的利润实际上都是来自20%的现存客户，因此现存客户对企业具有重要意义。企业通过对现存客户的购买行为习惯进行分析，据此针对性地开展市场推广投入、供应链投入和促销投入，从而实现投入回报的最大化。对数据价值的高度敏感和重视，以及强大的数据挖掘能力，可以促使企业获得更多的用户认可。例如，百度基于用户的近期搜索内容在页面上推荐新闻链接，这实际上就是一种个性化服务。这种功能可以提升用户体验，使他们感受到这并不只是被动提供数据的搜索引擎，还可以通过智能分析为自己提供需要的内容，从而提升用户对网站的依赖。

（2）形成商业营销模式。

第一，租售信息模式。这里的信息是指经过加工处理，具有一定行业特征的具有价值的数据集合。在数据化时代，开展信息租售业务可以获得不错的收益，如果广泛收集某个行业的相关数据，对数据进行深度整合，并选择适当的传播渠道，就很有可能在当前的市场中获得一席之地。

第二，租售数据模式。在这种模式下，企业要售卖或者出租广泛收集、精心过滤、时效性强的数据。根据不同的销售对象，可以将这种模式区分为两种类型：第一种类型是作为客户增值服务，如某公司向客户销售汽车导航仪，同时还为客户提供即时交通信息服务；第二种类型是有偿为第三方提供客户数据，如证券交易所会将股票交易行情数据有偿地提供给一些行情软件公司。

第三，数字媒体模式。数字媒体模式是十分契合当前市场环境的发展模式。当前的全球广告市场空间是 5000 亿美元，也就是说在这样的环境中可能诞生千亿级公司。对于数字媒体公司来说，其核心在于获得实时、海量、有效的数据，并结合实际情况进行大数据分析，从而在精准营销和信息聚合服务等方面获得收益。

第四，数据空间运营模式。从历史发展来看，传统的互联网数据中心就是这种模式，互联网巨头都在提供此类服务。但是随着网盘的出现，这种业务的发展有所萎缩。从大数据角度来看，很多企业都意识到大数据带来的巨大商机，纷纷抢夺个人、企业的数据资源，如 Dropbox。这类公司随着发展可以成长为数据聚合平台，盈利模式也会越来越多元化。

第五，数据使能模式。开展这类业务必须有大量的数据，以及科学有效的数据分析技术。例如，小额信贷公司会对小微企业的交易数据、财务数据等进行科学在线分析，从而计算出可以为其提供的贷款金额、收回贷款的时间等，这样可以在很大程度上降低坏账风险。

第六，大数据技术提供商。非结构化数据的数据量是结构化数据的 5 倍以上，因此处理任何种类的非结构化数据都可以重现结构化数据的辉煌。如果某公司从事语音数据、图像数据、视频数据等非结构数据的处理工作，则很可能呈现爆发式成长。

（3）寻找新的客户资源。

利用数据，不仅可以帮助企业挖掘存量用户的价值，还可以帮助企业更高效地获得新用户。社交软件的出现，为企业获得新用户提供了新的渠道和机会，大数据技术正在改变市场推广的原有规则。

第一，社交网络信息挖掘。企业通过科学合理的挖掘社交网络信息，可以实现共赢。例如，航空公司可以通过分析用户的微博信息，了解用户是否有购买机票的需求。航空公司可以抓取类似于"去纽约最便宜的机票在哪里订"这样的信息，之后航空公司可以为他们推送相应的机票信息，这样在满足用户需求的同时实现了盈利。

第二，实时竞拍数字广告。当前有很多公司在数字广告领域利用全新的数据技术探索新的商业模式。这些公司通过对网络用户的搜索、浏览等行为数据进行收集和分析，为广告商提供最适合它们的用户群，从而帮助它们实现精准营销。对于广告主来说，这样的模式可以为其提供更高的广告转换率；对于发布广告的网站来说，可以在一定程度上提高其广告位的价值。

（4）业务与服务的创新。

大数据的作用不仅是优化现有业务，其在开发新业务方面也具有十分巨大的经济价值，它可以为企业带来全新的发展机会。

第一，零售领域。创业公司 Retention Science 建立了一个为电子商务企业提供增强用户黏性的数据分析及市场策略设计平台，其用户建模引擎可以进行自我学习，通过算法和统计模型来设计优化用户黏性策略。平台会对用户数据进行实时分析，以此保证用户行为预测可以随时满足用户的实际需要。此外，该公司可以通过动态的实时分析为这些预测设计具有针对性的促销策略。

第二，健康领域。SeeChange 公司位于美国旧金山，它利用大数据建立了全新的健康保险模式。SeeChange 公司对其客户的个人健康记录、医疗报销记录及药店购买记录等数据进行分析，通过科学分析判断该客户的身体健康情况，并推断客户能否从公司的定制康复套餐中获利。此外，该公司还为用户设计了健康计划，完成健康行动的用户可以按照奖励机制获得奖励，公司会对用户的全程数据进行监控和分析。

第三，能源领域。Opower 利用大数据实现了消费用电能效的提升。Opower 与多家电力公司合作，该公司对美国的家庭用电费用进行分析，并针对每个家庭编制用电情况报告。通过该报告，用户可以直观查看到自家用电在整个区域或全美类似家庭中的排名，从而节约用电。

可以看到，大数据是数字营销时代不可或缺的重要部分，它可以有效地优化现存的业务，还可以促进新业务模式的开发。由此可见，大数据和新数字技术为各个行业和领域的企业带来了新的生机，使它们可以提供更具针对性的服务，实现进一步发展。

（二）云技术为企业更好地满足客户需求提供了一种方式

当前的世界正处于数字化转型期，人们可以通过更多样的介质更快地获得更多的信息。在这一过程中，消费者已经在不知不觉中成为社交媒体的一员。随着全新分析技术的发展，人们的日常业务和消费生活发生了翻天覆地的转变。云技术为企业更好地满足客户需求提供了一种方式。

1. 灵活的成本

很多企业采用云技术的关键原因就是该技术的成本灵活性。在 IBM 的调查中，超过 31% 的企业高管指出，云技术可以帮助企业有效降低固定 IT 成本，并且可以将其转变为更具可变性的"按需付费"成本结构，而这也是云技术的一项主要优势。

通过云技术可以帮助企业实现从资本支出到运营支出的转变，以此有效地降低固定 IT 成本。相较于常规 IT 运营支出，IT 资本支出具有更低的流动性，并且其更难进行预测。企业通过云应用，便可以不再在构建硬件、安装软件和获取软件许可证等方面投入资金。利用云服务，企业可以实现从资本支出到运营支出的转变，或者可以实现从固定成本到可变成本的转变。利用云技术，企业只需要在必要时为某些活动支付相应的费用即可。可以看出，这种支付模式具有更强的灵活性，并且降低了资本支出。

2. 适应性强

高速是当前经济发展和市场运行的一大特征。为了提高企业竞争力，企业必须不断变化以满足客户需求。为了更好地在市场中生存和发展，各企业都希望提高自身对市场需求的应对能力。经过调查统计发现，很多企业高管表示云技术的市场适应性为他们提供了极大的帮助。企业利用云技术，可以快速地对自身的流程、产品和服务进行有效调整，帮助它们更好地适应市场、满足消费者需求，并以此为基础促进产品的设计与创新，以及有效地缩短产品上市时间。

Cloud TV 是一个基于云的平台，它可以将所有类型的内容统一呈现在一个视频屏幕上。Active Video Networks 就是在发现了云技术的市场适应能力后，才设计了这一平台。Cloud TV 可以运用云技术，采用标准 Web 工具快速方便地应用来自广告商和其他媒体机构的内容。Cloud TV 通过云技术储存和处理相关内容，扩展了 Web 的覆盖范围和可用性，并且在这种模式下，运营商可以为使用各种机顶盒和互联设备的用户提供统一的用户界面。Cloud TV 运用云储存技术将信息储存在网络环境中，这样内容创建者、服务提供商等相关人员和机构就可以为消费者提供更好、更新颖的观看体验。

3. 可扩展业务

云技术可以帮助企业扩展业务，这也是很多企业选择云技术的重要原因。云技术不仅可以为企业提供 IT 扩展性，还可以为企业提供更多的业务扩展可能性。

通过云技术，企业可以在扩展能力不受限制的前提下快速配置资源，从而促使其更好地实现规模经济，并且在这种模式下不会积压大量资源。很多企业高管表示，企业选择云技术的一项重要原因，就在于其具备的推动业务高效增长和增加选项的能力。

云技术的这种能力在 Netflix 的运营中就可以看出。Netflix 是一家网络电影与电视节目订阅服务公司。该公司提供的点播影视服务会在高峰时段出现容量激增的情况，而这也是公司面临的一大困扰。为了更好地处理高峰时段的数据流量问题，Netflix 在扩展其数据中心能力时，决定对网站和流媒体服务器进行战术转移，即将其从原来的传统数据中心转移至全新的云环境中。这项服务的转移可以帮助公司业务实现增长，一方面有效增加了客户数量，另一方面节省了搭建更大容量数据中心的费用。

4. 可变的上下文驱动

云具有更强大的计算能力和容量，因此可以存储用户偏好信息，从而帮助企业为用户提供个性化的产品或服务。通过云提供的上下文驱动的可变性，可以帮助企业为消费者提供更好的个性化体验，可以根据消费者的自定义对上下文进行微小调整，使消费者得到更舒适的体验。在人们越来越追求消费体验的今天，云的这项属性具有极大优势，各企业也意识到了这一优势的重要性。

Siri 是一个基于云的自然语言"智能助理"，实际上这项功能就是采用了云的上下文驱动的可变性。通过 Siri，用户可以拨打电话、进行会议安排、查询餐厅信息等。虽然其他一些智能手机也具有语音识别功能，但是 Siri 并不是单纯的语音识别系统，它可以学习用户的语音。Siri 是一项弱人工智能技术，它不仅接收并回馈用户的语音内容，同时会通过运算理解其含义。也就是说，Siri 利用云计算和云储存实现了个性化，提高了客户体验感。

5. 复杂性被隐藏

云还具有隐藏复杂性的优势。企业利用云技术，可以向最终用户"隐藏"其业务运作的一些复杂流程，这样用户就能看到直观结果。由于业务运行过程的复杂性被隐藏，企业可以进一步增强产品和服务的先进性，用户购买并使用产品和服务时，并不需要掌握复杂的知识和技术，只需要购买后享受产品和服务带来的良好体验即可。例如，现在很多产品的升级和维护都是在"后台"运行并完成的，用户并不需要自行操作。

虽然云技术的隐藏复杂性也是一个显著优势，但却没有得到太多的关注，只有较少部分的企业高管将其作为云技术的首要优点。部分公司意识到云的这一能力，并利用这种能力获得了不错的成绩，如 Xerox。Xerox 利用云的隐藏复杂性设计了 Xerox Cloud Print 解决方案，通过这项功能，企业员工可以在任何地方通过 Xerox 云接入企业外部的打印机，并得到打印文件。进行云打印需要储存大量文件，并将其转化为可打印的格式，但是采用云技术用户仅需要通过 Xerox 云接入打印机即可，中间对数据管理的复杂程序他们无须知道。

6. 连通的生态系统

除以上优点外，云技术还具有生态系统连通性的优势，并且大部分企业都意识到了云的这一优势。利用云技术，企业可以更好地与外部合作伙伴及客户协作，这样可以有效地提高企业的生产力和创新能力。基于云技术搭建的平台，可以将人员聚集在一起，并且通过友好的协作实现资源、信息和流程的共享。

Health Hiway 就充分利用了云的生态系统连通性。Health Hiway 是一个基于云的健康信息网络，它整合了印度的医疗系统，使医疗服务提供商、雇主、付款者、工作者、第三方管理员和患者通过该信息网络进行信息和交易数据的交换。该网络系统连接了 1100 多所医院和 10000 多名医生，通过大量数据的联通与交换，实现了更好的协作和信息共享，这样可以使人们以更低的成本享受更优质的医疗服务。生态系统联通性对于市场发展十分重要，尤其是对于高速增长的市场而言更是如此。

对于企业而言，第三方机构可以通过云技术为企业提供计算基础设施建设及站外托管服务。这让企业能够将资源和能力投入更核心的领域，而不需要在企业内部搭建 IT 基础设施与组建人员团队。与传统的内部计算系统相比，云计算的优势在于全天 24 小时的可接入性、较高的安全性及更低的成本。如今，"云技术"被运用到了营销领域。营销人员希望拥有一个一站式大平台，该平台可以最大化地整合行业优质资源、最先进的技术及多方数据，有效辅助策略制定和实施商业规划，提升营销效果。"营销云"便是这样的一个营销大平台。目前，"营销云"在国内的发展还在起步阶段，能够称得上真正意义上的"营销云"平台屈指可数。

（三）物联网是数字化时代最具影响力的技术发展趋势

物联网是指世界上的所有物体，通过无处不在的一个或多个微型计算机或智能传感器，将所有的数据源源不断地上传到互联网上流通。在物联网中，任何物体或者人都可以分配到一个网络 IP，与互联网联通并交换信息。汽车轮胎、咖啡壶等，几乎所有东西都能连入网络。迄今为止，物联网已经在制造业、公共事业中实现了机器对机器（M2M）的信息联动。

为了拥抱物联网，企业营销高管面临的重要挑战在于，他们不仅需要为每一个潜在客户创造富有吸引力的营销内容与社交互动，还需要与这些客户的智能设备进行互动。可穿戴设备被认为是物联网生态系统中的一个组成部分，从谷歌眼镜到苹果手表，可穿戴技术涵盖了所有人类可以穿戴的设备。

为了应对新的数字化环境，更好地采用数字化工具，企业需要建立数字为先的管理模式。

（1）数字营销为先。

企业应当以数字营销为先，以传统营销工作配合数字营销工作，这样才能适应当前以数字为先的消费时代，才能在消费者进行消费决策时，以正确的营销信息吸引他们。

（2）构建数字营销路径。

企业必须构建一条以数字为先的营销路径，形成以数字网络为主的营销网络。通过智能手机、平板电脑等数字设备，企业要与消费者互动。企业如果不能构建数字营销路径，就无法在数字消费者的市场上抢占先机。

（3）创造富有吸引力的数字营销内容。

企业还需要组建专门团队，投入专业资源以创造富有吸引力的数字营销内容。这些内容必须具有实用性，能够获得消费者的关注，吸引消费者参与网络社区，并鼓励他们分享生活，形成以消费者为核心的传播网络。

第二节　数字化时代企业的市场营销战略升级

近年来，很多企业在数字化时代丧失了竞争优势，很难获得利润，新的营销方式也对原有的营销模式产生了很大的冲击，它们不得不进行升级甚至是颠覆原有模式。在这个数字化时代，原有的市场标杆企业已无当年的锋芒，而面临着创新企业的挑战。为此，对数字经济时代下市场营销战略和趋势进行研究就显得尤为必要。

一、营销战略的含义与特征

（一）营销战略的定义和本质内容

麦肯锡咨询公司认为营销战略是企业选择价值、定义价值、传递价值等一系列活动的组合。

美国营销协会（AMA）指出，要把营销战略作为企业创造客户价值组合的战略性工作，所有的工作都围绕价值创造展开。营销战略是公司围绕目标客户进行的营销组合工作，包括营销的市场细分、目标市场选择、市场定位，以及相关的价格、渠道、促销和产品的工作组合。

菲利普·科特勒强调，营销战略包括机会识别、客户吸引与保留、品牌创造、营销管理等内容，公司应该关注外部机会在哪里，如何深挖客户价值、建立营销管理架构，并在此基础上创立品牌。

营销战略的本质包括需求管理、建立差异化价值、建立持续交易的基础三点。

1. 需求管理

需求管理的核心是作为"较少弹性"的企业对"不断变化"的市场需求进行有效控制和导引。市场机会就在于未被充分满足的需求上，而营销管理的主要任务是刺激、创造、适应及影响消费者的需求。100多年来，宝洁只专注于做一件事，那就是挖掘消费者最本质的需求，以精益求精的态度打造满足消费者需求的创新产品。宝洁在公司内部设立消费者学习中心，还原迷你超市、客厅、卧室等消费者真实的生活场景，几乎每天都有消费者来到这里参与各种各样的产品调研和测试。宝洁的研发中心还设有试点工厂，生产用于消费者测试的小批量产品，从而快速得到消费者的反馈，这些对消费者细致入微的洞察都真切地融入宝洁的产品中。

2. 建立差异化价值

"生态位"是指"恰好被一个物种或亚物种所占据的最后分布单位"。生物要想生存，就需要发生趋异性进化，在不同的生态位上分布。通俗点讲，生物要想生存下来，最重要的就是做到和别的生物不一样，即差异化。这与企业在营销上的策略思想极为相似：如果企业能够形成差异化，产品就会变成"商品"；如果没有形成差异化，就意味着企业发展的营销策略是无效的。真正的营销应该是将消费者的注意力恰到好处地引向企业的产品和服务上。

3. 建立持续交易的基础

能否建立持续交易的基础，是衡量营销是否持续的核心。苹果公司就是一个例子，早期的苹果公司是一家以产品本身来凸显优势的公司。小众的定位、封闭的系统使得苹果公司在20世纪80年代败给了IBM和微软。之后苹果公司通过

iPod、iPhone 和 iPad 打赢了翻身战。除高性能的产品外，苹果最大的不同是将系统开放，通过 iTunes、App Store 等渠道平台，让使用者能够不断更新服务。使用者成为 iPhone 社区的一员，可以与有共同兴趣、爱好的人建立沟通。乔布斯曾经对诺基亚与苹果所代表的两种模式进行了解释：

诺基亚的营销是产品思维，产品销售出去便和客户没有联系了；而苹果手机不过是一个与消费者建立关系的接口，苹果手机用户可以加入社群，继续享受苹果公司提供的服务。无论是传统时代还是现在的数字时代，营销的本质没有发生变化，需求管理、建立差异化价值、建立持续交易的基础依然是有效营销、可持续性营销的核心。

（二）数字营销战略的特征

在数字经济时代，数字营销是传统企业实现数字化转型过程中的一个关键组成部分。数字营销赋予了营销组合以新的内涵，其功能主要包括信息交换、网上购买、网上广告、企业公关等。数字营销凭借着集成性、个性化、低成本、跨时空、交互式、拟人化、高效性等优势，解决企业营销信息不对称、促销局限、广告效率不高等问题，是数字经济时代企业的主要营销方式和发展趋势。

数字营销对于数字经济有两个作用：一是融合与联结，具体表现在品牌传播方面，数字营销以组合的方式进行全媒体传播，媒介渠道不断整合，线上线下结合发展，传统企业时刻被数字营销的新观念、新形式所影响，数字营销以一种整合的姿态促进了数字经济时代下企业的转型。二是收割与贡献，具体表现在广告方面，一方面数字营销技术不断发展；另一方面随着受众行为的数字化，传统广告迎来数字化转型，数字营销行业的产值快速增长，对数字经济的贡献也在不断增加，成为数字经济的一种收割方式。

在传统营销战略转型阶段，有成功的企业，也有尚未成功的企业。从工具层面看，大部分企业都采取了较为先进的数字工具，不过最终取得的效果不尽相同。究其原因，有的企业在利用数字工具时并未指向营销的本质。

1. 连接是数字时代营销的本质

从互联网的进化史中，不难发现一条主线若隐若现地贯穿其中，那就是连接。在这个进化的过程中，人与人连接在一起，连接得越来越紧密。任何事情、任何事物都在这条进化的道路上被连接起来，突破了时空的边界。

新经济的本质就是以互联网为基础，把所有的事物连接在一起，在此基础上进行业务模式与业务运营的创新。互联网的未来正是连接一切。连接型公司的重要目标是创造更多的连接点，成为一个开放平台，继而围绕着这个开放平台构建起一个大的生态链。例如，腾讯公司在传统互联网时代，其连接的是人与人、人与服务，但在移动互联网时代，连接变得更加复杂，超越了单纯的人与人、人与服务之间的连接，融合了线上与线下等连接因素。

2. 在数字营销时代消费者比特化

在数字营销时代，所有的消费者行为都可以被记录并跟踪。企业在制定数字营销战略时需要考虑如何有效地获得核心消费者的行为数据，并时刻关注这些行为数据的变化，更好地把握消费者动态。由于互联网可以通过数据来储存、描述和追踪人及人群的行为，可以说我们变成了一堆可以连接的数字。我们点击网页、乘坐轨道交通、驾车穿过自动收费站等都会产生数据，而阿里巴巴、谷歌这样的公司，正在捕获我们的详细数据。令人震惊的是，这些信息几乎反映了我们的真实行为。

未来 10 年内，全球的数据和内容将增加 44 倍。凭借着对大数据的收集、分析和决策，营销的过程可以更加透明化，企业能否将自己的消费者与客户比特化，并进行追踪与分析尤为关键。

3. 数字营销体现运营决策数据化

数字营销的核心就是数据的采集与应用。数据是在真实的互动行为中产生的，这些数据包括基于用户的用户属性数据、用户浏览数据、用户点击数据、用户交互数据等，以及基于企业的广告投放数据、行为监测数据、效果反馈数据等。这些数据可以让企业更加了解顾客，也可以让企业更加清楚地监测数字营销战略，并对营销战略进行调整。大数据曾被人们称为新的"石油"，看似多维多样的数据通过科学的分析，使得企业能够预测行业的发展趋势，通过无形的数据创造有形的财富价值。

在数据积累、数据互通阶段，数据化运营并不迫切，但当数据源建立起来后，如何分析，如何实现智能型的、可视化的数据就变得尤其重要。

4. 消费者参与企业营销战略中

在数字营销时代，消费者所反映的数据成为企业制定营销战略最重要的一环，因此消费者在企业的营销过程中理应具有更重要的话语权。消费者可以被看成非企业管辖的，却同时保证企业正常、高效运转，推动企业决策的外部员工。让消费者参与产品设计、品牌推广、活动策划、渠道选择等环节，能够让消费者对企业产生归属感。这样的企业提供的产品和服务更容易满足客户的需求，同时为企业赢得了更多的市场份额。

5. 数字营销战略动态改进

企业在获得消费者行为数据之后，需要对数据进行分析，然后根据分析的结果调整自身战略。由于现在消费者数据更新频率非常迅速，企业在自身战略调整的时候也需要加快速度，以万变应万变，保证当下的数字营销战略与当前的消费者行为吻合。

二、市场营销战略的升级

（一）营销从 1.0 到 4.0 的进化

现阶段，营销已经从 1.0 发展到 4.0。

1. 营销 1.0 是工业化时代以产品为中心的营销

营销 1.0，以产品为中心，目的是满足大众需求。当时的营销就是把工厂生产的比较初级的产品全部销售给有支付能力的人，其生产目的就是满足大众需求。在这种情况下，企业尽可能扩大规模，生产标准化产品，不断降低成本以低价优势吸引顾客。

2. 营销 2.0 是以消费者为导向的营销

营销 2.0，以消费者为导向，核心技术是信息科技，企业向消费者诉求情感、传递形象。20 世纪 70 年代，西方发达国家信息技术的逐步普及，使得消费者更容易获得产品和服务信息，并可以对相似的产品进行对比。这一阶段的目标是"客户即上帝"。在这个时代，企业面对的是有思想和选择能力的聪明消费者，企业需要通过满足消费者特定需求来吸引消费者。

3. 营销3.0是价值驱动的营销

营销3.0，价值作为驱动，是合作性、文化性和精神性的营销。和以"客户即上帝"的2.0营销时代一样，3.0营销也致力于满足消费者的需求。但是，3.0营销已经把营销理念提升到了一个新高度，注重关注人类期望、价值和精神需求。3.0营销把情感营销和人类精神营销很好地结合在一起，因此也就更容易和消费者形成内心共鸣。在3.0营销时代，企业之间要根据彼此不同的价值观来区分定位。在经济动荡的年代，这种差异化定位方式对企业来说是非常有效的。因此，科特勒也把营销3.0称为"价值观驱动的营销"。

4. 营销4.0是实现自我价值的营销

营销4.0，以帮助用户自我实现为核心，消费者参与营销价值创造中，以社区、社交为基点，洞察消费者的需求。在物质极大丰富的当今社会，马斯洛需求层次理论中的生理、安全、归属、尊重需求相对容易被满足，因此自我实现成为了客户的主要诉求。营销4.0就是要解决这一问题。

随着移动互联网的普及和各种新传播技术的出现，客户可以更加容易地接触到所需要的产品和服务，也更加容易和与自己有相同需求的人进行交流，于是出现了社交媒体和客户社群。企业将营销的重心转移到如何与消费者积极互动、尊重消费者的价值观上来，让消费者更多地参与到营销价值的创造中来。在客户与客户、客户与企业的交流过程中，由于移动互联网、物联网创造的"连接红利"，大量的消费者行为轨迹都留有痕迹，即产生了大量的行为数据，我们将其称为"消费者比特化"。这些行为数据的背后实际上代表着无数个与客户接触的连接点。如何洞察与满足这些连接点所代表的需求，帮助客户实现自我价值，就是营销4.0所需要面对和解决的问题。

（二）营销战略研究的升级

1. 行为跟踪

随着技术的进步，智能手机、平板电脑的使用逐渐占据了人们日常生活的大部分时间。企业也在尝试通过智能手机、平板电脑等移动设备收集用户数据，再通过大数据技术用特定的算法加以分析，这样就可以得到相应的结论。现在市场调研与传统的调研方法有很大的不同，其不再仅限于分析文本中所包含的用户信息，新技术和移动设备使得企业可以实时跟踪用户的行为数据。

2. 碎片化研究

传统的市场调研需要一定的时间周期，如果调研涉及面较小，则会出现信息疏漏，而涉及面较大，则成本和周期便不可控制。另外，在传统的市场调研中，企业很难针对不同的消费者提供不同的调查问卷，无法尽可能地细化调研条件；消费者缺乏热情去回复企业的调查。在数字网络时代，市场调研以发达的网络和海量数据作为基础，这使低成本、大样本的定量调研成为现实。这种调研方式便于企业更加精准地分析消费者的行为和心理，帮助企业捕捉商机。企业可以主动投放网络问卷或者在网络上直接采集碎片回复来收集数据，通过与消费者互动，让其参与产品研发，使企业产品更加符合消费者的要求。

3. 一对多的众包模式

在数字化时代，众包模式是指在外包模式基础上借助互联网技术发展而来的一种新的企业合作模式（见图 4-5）。外包通常是一对一，而众包则是一对多。企业可以将任务发布在互联网上，让众多用户参与其中，汇聚众人的力量完成该任务。假设某企业想要进行调研，收集店铺的门牌号、地址、联系方式等相关信息，就可以直接在平台上发布任务。每成功获取一个店铺的信息，兼职用户就可以获得一定数额的任务奖励。采用这种平台化的方式，企业可在三周时间内收集到全国 80 个城市的 4 万家门店信息。众包模式不但效率高，而且成本较低。

4. 泛数据分析

传统的市场研究中，很多营销咨询公司或者研究公司都是采用访谈的方式去获取信息，了解消费者的体验；设置各种标准及"短问卷"估计消费者对品牌的认知程度；跟踪网站数据，试图更好地满足消费者的需求。现在消费者越来越习惯于电子购物。传统的获取信息方式越来越难以跟得上信息的更新速度。也就是说，通过传统方式获得的信息在现在数字时代下缺乏时效性，使企业错过了很多的市场机会。

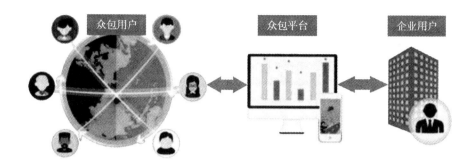

图 4-5 众包模式示意

如今,企业可以通过对实时信息的采集及分析来制定相应的市场策略和战术。数字技术已经改变了企业挖掘消费者信息的方式,并影响了目标客户的决策。当消费者试图了解一个新的产品时,其第一反应可能是"百度一下",或者直接在社交平台上发布问题。消费者通过网络交换的每一条信息都可以被实时监测到。企业可以通过这些信息建立预警系统,以防止不必要的风险发生。

5. 神经营销学的应用

神经营销是运用神经科学方法来研究消费者行为,探求消费者决策的神经层面活动机理,找到消费者行为背后的真正推动力,从而产生恰当的营销策略。运用核磁共振,研究者可以画出被测试者的脑部图,研究他们是如何对特定的广告或者物品产生反应的。神经营销学预测未来销量的方法还不成熟,一方面是核磁共振的成本太高,不可能大规模进行;另一方面是针对大脑区域活动的研究还不够深入,没有形成一套行之有效的评判体系。

6. 大数据的文本抓取

随着互联网技术的发展,市场研究中所需要的数据可以通过很多新的方式获取,如通过搜索电商、微博、论坛、社区等网站的公开数据,帮助企业制定营销策略。在获得这些数据以后,企业可以进一步对其中的文字进行语义分析,从而得出相应的结论。

众所周知，汉语言文本的语义分析一直以来都是一件比较困难的事情，很多网络数据抓取公司也面临同样的困境：可以收集到信息，但是无法高效率地整合、分析信息。大数据分析技术能够对现在互联网上所有可以查到的公开信息进行搜索和抓取，并且在此基础上对其中的汉语含义进行分析，及时从中挖掘出具有价值的重要信息，帮助制定有效的营销策略。

（三）营销战略三要素的升级

1. 市场细分

市场细分是营销的核心环节，企业根据消费者的共同愿望和需求将其划分成一个或多个小组，然后围绕不同的消费群体设计不同的营销策略。市场细分使企业开发更有针对性的产品和服务，在聚集潜在买家的前提下，将产品在正确的时间里销售给正确的客户。在数字化时代，营销者可以从搜索引擎、移动设备和社交网络上得到相应信息，重新定位营销目标人群。和传统的市场细分不一样的是，这种细分关注消费者的网络联系，将拥有相同价值观的人聚集在一起，打破了地理、年龄等的限制。

2. 营销细分

在今天大数据挖掘与分析技术的支持下，精准营销甚至是一对一营销可以得到最大限度的应用，我们可以结合细分模型与客户调研对客户进行精准化描述，如图4-6所示。

（1）目标市场。

当今商业社会，各领域变化正在悄然发生，伴随着传媒业的碎片化，在供给趋向无限可能的时候，消费者各种原始的需求基本上都能得到及时的满足，但派生性的超细分需求开始凸显，使得企业在进行目标市场选择的时候，开始出现新的变化，如选择小众作为目标市场的营销正在兴起。

（2）意见领袖。

意见领袖是指在人际传播网络中经常为他人提供信息，同时对他人施加影响的"活跃分子"，他们在大众传播影响的形成过程中起着重要的中介或过滤作用。

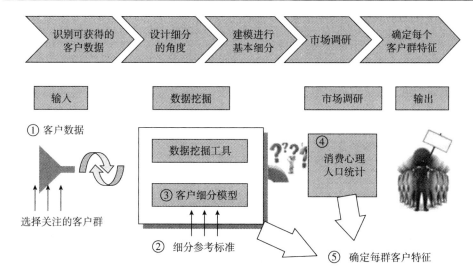

图 4-6 数字时代的客户细分

由他们将信息扩散给受众，形成了信息传递的两级传播。KOL 营销的意义在于，其所具备的社会话语权将对其周围的人产生影响，对于市场和品牌能够起到折射效应，因此信息从企业/媒体到意见领袖再到公众的这个过程被称为两级传播。在传统的营销活动中，营销人员在选择目标市场时，在很大程度上会将受众与购买者统一（当然也有分离的，如 B2B 组织营销中决策人和购买者的分离），而现在由于互联网环境下形成的"品牌声量"，企业需要对 KOL 营销进行有效管理，甚至将其纳入企业的目标客户管理中。

（3）目标客户的迭代与升级。

硅谷咨询顾问杰弗里·摩尔认为，技术采用周期中的五个组成部分分别对应着不同形态的群体，即创新者、早期采用者、早期从众者、晚期从众者与落后者。在高科技产品市场的开发过程中，最危险并且也是最关键的一点就是由早期采用者所主宰的早期市场向由实用主义者占支配地位的主流市场的过渡。

对于掌握新兴技术/产品的企业而言，关于早期采用者群体的识别及与其建立深度关系尤其具有战略意义，可以帮助企业跨越"鸿沟"，而这个群体通常指一个产品最早期使用者中最认同该产品并希望更多人认同该产品的用户群体。他们可以是几个人，也可以是几千人，其共性是热爱这个产品，并从口碑推广、产品改进等角度成为一个产品从小众走向大众的基石。对于创业者来说，目标客户的迭代和升级对产品、组织有着至关重要的作用。

3. 市场定位

（1）战略逻辑。

战略逻辑是企业管理者要回答"当我们在讨论定位时，我们在讨论什么"的问题。究竟何谓定位，从公司战略上看，定位包含价值链定位、业务模式定位和品牌心智定位。

1）价值链定位。价值链定位是指企业在顶层资源配置中的逻辑与取向，它决定了企业进入哪些领域参与竞争、价值链如何分布与延伸、在价值链的每个模块如何布局资源等。

2）业务模式定位。业务模式定位最核心的问题是"我究竟是什么"。在数字互联网时代，根据业务定位的不同，可以将企业分为价值点企业、价值链企业、平台型企业、生态型企业四种类型。价值点企业将业务聚焦在价值链的某一环节，虽然它们主要是一些中小型企业，但往往是某一个细分市场的世界领导者，通过高度创新与专业化精准定义细分市场，并有效制造市场准入壁垒。价值链企业通过并购或自建等方式打通价值链上下游，实现产业链的资源整合与布局，从而充分提升企业战略自由度与行业话语权。平台型企业采用平台经济与共享经济的思路，通过搭建资源平台，以促成双方或多方供求之间的交易，收取恰当的费用或赚取差价而获得收益，同时也促进资源的最大化整合与优化。生态型企业输出与分享自身的核心资源，并在此过程中投资参股，从而完成生态经济的建立与持续。

3）品牌心智定位。"品牌心智定位"是指通过设计使公司的产品和形象实现差异化，其目标是要将品牌留在消费者的心中，以实现公司利益最大化。定位的结果就是成功地创立以顾客为基础的价值主张。

（2）品类逻辑。

品牌定位战略中的品类逻辑是指通过品牌和品类的捆绑，使某个品类与其他产品区分开来，其核心是以潜在客户为目标，通过把握商业发展趋势，发现品类机会并推动品类发展，以此为企业创建强大的品牌效应。

（3）连接逻辑。

当企业品类在市场上取得成功后，企业可以采用连接逻辑使产品迭代、延伸甚至是构建产品生态圈。如果说品类逻辑是纵向挖掘，那么连接逻辑便是横向扩展。在垂直思维下以水平思维进行补充，可以增加营销人员的创造力，通过想象力打开新的市场空间。

（四）产品战略的升级

产品战略是企业对其所生产与经营的产品进行的全局性谋划。它与市场战略密切相关，也是企业经营战略的重要基础。企业要依靠物美价廉、适销对路、具有竞争实力的产品赢得顾客、占领与开拓市场并获取经济效益。产品战略是否正确直接关系企业的胜败兴衰和生死存亡，因此对于产品战略应该根据企业的不同发展阶段进行相应的升级。

1. 循证主导与 MVP 模式

随着营销技术的不断完善，数字时代的反馈经济使得"循证"成为可能。

循证，表示某种方法能够被循环证实。产品战略就可以采用循证方法来检验。数字时代下，迅速抓住客户的问题是企业智慧营销的关键。想要抓住顾客的问题就要不断地推出产品，不断地尝试和验证，即采用精益创业的思维营销。

精益创业的产品管理思维的本质是强调市场测试而不是细致的策划；强调顾客的反馈而不是企业的主观想法；强调反复的设计和改进，而不是前期大而全的产品开发；其在开发产品时强调 MVP（最小可行性产品）。

2. "产品+社区"模式

移动互联网正将我们带入社交红利时代，海量的同质化产品共存，企业单靠产品升级已无法有效地增强用户黏性，只有利用产品开发社区进而聚合社群才能持续获利。这种营销模式已经超越了产品本身的边界，使传统的产品战略升级为"产品+社区"模式。数字化技术、物联网的兴起，使得产品更具差异化，原有的产品和服务之间的边界变得模糊，产品力可以在跨界与想象力的拼接中爆发。

3. 产品服务化

当前，共享经济市场规模几乎每年都以高速增长。从狭义上讲，共享经济是指以获得一定报酬为主要目的，基于陌生人且存在物品使用权暂时转移的一种商业模式。共享经济是对"沉没"闲置资源的社会化再利用，是将熟人之间的共享关系推向陌生人的经济形式。共享经济的运行有三大驱动要素，即"零"边际成本、商业化信任和社会化互联。

移动互联网是共享经济得到释放的重要前提。这主要反映在三个方面：一是全民移动化，服务提供者利用移动互联网打开了共享经济的前端供给。二是移动支付的普及性，移动支付随着移动互联网的应用而普及，支付的全面应用成为保证共享经济平台便利性、中介性最重要的条件。三是动态的反馈机制对管理的支撑，共享经济平台为供给双方提供了互相评价机制、动态定价机制，成为共享经济发展的最佳注脚。

实际上，依照共享经济的思维，还有不少商业领域存在可以实现战略创新的机会。我们将这些可以共享的资源分为六类，分别是设备共享、空间共享、技能共享、品牌共享、信用共享、时间共享。

（五）品牌策略的升级

品牌策略是一系列能够产生品牌积累的企业管理与市场营销方法。品牌策略的核心在于品牌的维护与传播，如何得到消费者的认可，是品牌策略中最重要的环节。如今品牌营销方式多种多样，只利用传统的品牌营销方式（电视、报纸、户外公关等）已经不能满足市场的需求，而网络品牌营销逐渐被企业所青睐。

1. 以价值观为导向的品牌策略

数字时代下的产品，既要满足消费者的需求，还要凸显其独特性。在个性化需求当中，消费者对产品品牌价值观的需求取代了以往对产品功能的需求。大量定制化产品进入市场，由消费者个人决定产品的特质，而在具有相同功能的产品中，消费者更倾向于选购其认同的价值观的品牌。在传统营销时代，企业营销围绕着"价值"展开，营销以选择价值、传递价值、交付价值为核心；在数字营销时代，企业要以"营销价值观"为核心，"价值观"比"价值"对消费者来讲更有意义。

客户即上帝，意味着企业必须为客户提供良好的产品与服务，努力满足客户的情感和精神，只有这样才能赢得他们对品牌的忠诚。可见，消费者在很大程度上受情感影响和支配而做出购买决策及忠于某品牌的行为。

2. 品牌具有互动性与赋能性

2010 年以前，品牌是在严格控制下被培养并保护的资产。在品牌战略中，首席执行官与首席营销官可以通过定义、设计将品牌的价值单向传递给客户。技术发展对这一状况进行了改变，数字时代下的品牌是平台而不是资产。社会性品牌的建立需要消费者的参与。社会品牌是一个互动的平台或开放的生态系统，消费者在其中发挥着积极的作用。通过目标人群的实时反馈机制，社会品牌在市场中更有组织性。

移动互联网连接了人和其他的一切。移动互联网进一步加剧了"去中心化"的趋势，使企业对营销渠道的运用变得更加灵活，品牌建设需要企业制定更加便捷的执行流程，为用户提供更加个性化的服务。

3. 注重内容营销与数据营销

互联网的发展导致各种信息泛滥，但是受众可以接受并消化的信息是有限的，传统的信息自上而下的传播方式已经难以满足消费者，而善于"讲故事"、做内容的营销方式更受消费者的欢迎。因此，营销思维从定位转向"定位+联想群管理"尤为重要。定位理论的产生源于一个核心假设：在工业化时代信息爆炸、单向传播的背景下，企业需要强化自己在客户心中的地位。它假设传播中企业是主体，因此定位的策略就是企业单向向消费者传递信息。

在数字时代，很多信息都是由客户产生的，有经营头脑的营销人员可以将这些信息纳入产品营销中，形成企业自身的魅力点。数字社交时代，要想提升企业"魅力"，就必须进行即时的"联想群管理"。

除了对内容层面进行改变外，还要对传播层面进行改变。在营销的广告投放决策层面，开始从经验决策转向算法决策。以前广告投放决策的关键在于预算分配，企业对于广告媒介的购买大多依赖于经验。现阶段，大数据技术开始全面进入广告领域，机器学习和数据算法即将取代经验。营销人员可以建立模型，并利用逻辑回归的方式建模预测；通过机器学习的方式，对模型进行参数调优和升级。在建立 DMP 和 DSP 平台后，企业只要输入需求和预算，系统就可以自动进行程序化购买。

4. 打造"魅力"经济

"市梦率"，即公司自身具有极大的人格吸附魅力，可以吸附大量的粉丝，形成公司的客户资产。传统的互联网企业估值逻辑是谁拥有丰厚的客户资产，谁的市值就高。在如今社交网络盛行的时代，客户资产的规模固然重要，但客户资产的质量，即客户是否是公司产品的忠实粉丝、支持者、创造者、宣传者则变得更为重要。相对于客户数量，可以从客户资产质量上判断顾客群的影响力范围和顾客群基于支付意愿的价值总和。在这个背景下，魅力本身就可以产生经济聚集效应。

我们知道，公司品牌规划中的核心环节就是公司品牌的"拟人化管理"。通俗地讲，就是把企业人格化，打造企业特质、塑造公司个性，通过对这些环节进行设计，勾勒出公司的人格化特质，形成品牌魅力，以方便与消费者在品牌上形成共鸣。

我们可以从企业品牌魅力管理中看到一个现象，即首席执行官从组织内部走向组织外部，与客户直接沟通。首席执行官要变成客户惊喜官，首席执行官的个人魅力已经成为企业魅力的要素。乔布斯就是成功的客户惊喜官，很多消费者与其说是"果粉"不如说是"乔粉"，对于新的苹果首席执行官库克来讲，其核心的挑战远远不在于产品，而在于如何建立后乔布斯时代的首席执行官魅力。

企业如何寻找自身的人格化魅力？创造魅力最简单的方法就是让企业具有差异性。根据社会心理学家荣格的研究，人类在历史的发展过程中存在着一种集体潜意识，这种社会性的集体潜意识寄托了人类社会早期的崇拜，荣格把这种集体潜意识称为"原型"，原型的作用力在于能够引发人们深层的情感。世界各地的神话之所以流传千百年，正是因为它们反映了人类探寻生存意义的永恒道理。

在数字时代，魅力点的选取与传统时代不一样。在传统时代，大部分企业都在树立"稳定""安乐"的人格原型中发散魅力。在数字时代，这些人格原型显得不那么"鲜活"，企业人格的魅力点将转向"挑战""改变"两个维度，向其中一个维度发展的企业也许拥有少许魅力，但绝不会"魅力无敌"，而向这两个维度共同发展的企业才会"魅力无穷"。

（六）客户服务策略的升级

随着互联网的普及，电子商务也蓬勃发展起来，面对日趋激烈的网络营销市场竞争，越来越多的企业在营销中开始关注人的因素，力争最大限度地满足顾客需求。

1. 客户关系管理趋于社会化

传统的客户关系管理（CRM）策略已经不能适应现在的社会发展，客户关系管理系统的建立需要企业综合使用数字技术。相比之下，社会化客户关系管理（SCRM）正处于起步阶段。鉴于其增强客户体验的能力，SCRM 是新的营销策略中的一个重要组成部分。在传统的公司中，客户服务部只是作为一个部门负责处理客户问题。SCRM 重视客户服务，其关注的是"正在做对的事"和计划"做对的事"，其强调期待、倾听、快速响应客户的需求（见图 4-7）。

CRM
企业级运营平台

SCRM
以客户为中心

图 4-7　SCRM 注重客户体验

2. 全员参与客户服务

在传统营销时代，客户服务除了指在客户购买过程中接受的服务，还包括售后的电话客服服务。企业专门聘用客服人员与客户对接，即便是这样，企业和客户的沟通也是非常单一的。企业的设计部门、研发部门都无法与客户直接接触，无法了解客户的真实需求。

在数字时代，发达的网络、移动设备和社交媒体环境，不仅为传统客服人员提供了更多服务客户的渠道，也给企业的其他部门提供了了解客户需求的途径。例如，企业中的技术团队可以在社交媒体上建立微博、公众号，技术员工可以为客户直接解答技术问题，并同时通过自身的影响力发布与企业相关的微博，以提升企业的知名度（见图4-8）。

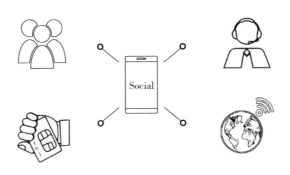

图 4-8　SCRM 注重社交性

3. 注重以对话为核心的体验化管理

传统营销关注的重点在于如何高效、低成本地完成销售流程，企业更加关注的是如何生产出更好的产品满足现有客户的需求。关注流程可以使这一目的更加容易达成，但同时也造成企业与客户缺少交流的问题。这样做的后果是，企业大多数时候只能解决已有的问题，而较少关注那些没有被满足的客户需求。数字时代下的营销更关注与客户的对话。企业如何与客户交流沟通变得尤为重要，与客户建立联系、顺畅交流，从而更加了解客户那些未知的需求则成为企业营销的重点。

4. 客户管理重视核心圈层与社群管理

传统的客户分层管理可以按照高价值客户、潜力客户、大众客户及潜在客户四类进行划分，也可以按照年龄、性别、收入、文化程度、使用习惯、消费档次、地域、行业、风俗习惯、民族、国家、对某产品要素的敏感度（如价格）、使用周期等方式进行划分。这种客户分层管理（见图4-9）的目的是通过对顾客进行分类，以方便企业能够更有指向性地进行营销决策，更加高效地分配有限的营销资源，但是这一方法在数字营销时代因为核心圈层管理的出现而变得不那么重要。

海量用户连接　　　　　抽象客户画像　　　　　客户分级管理

图4-9　客户分级管理

我们将特定社会群体称为"圈层"，有时候也称为"部落"。圈层就是具有相似的经济条件、生活习惯、艺术品位的人，在互相联系中形成的一个小圈子。数字时代下移动互联网的发展使得相同属性的人可以更容易地进行交流，从而加速了圈层的形成。圈层管理就是在众多圈层中，选择与企业自身营销定位最接近的圈层（定义为核心圈层），投其所好并进行精准营销。

一般来说，圈层管理的目的有以下三个：有效传递品牌信息和扩展客户面；借助口碑使得品牌认知度更趋于一致；作为一种客户维系手段促进客户长期多次购买企业产品。

在圈层管理中，为了激发口碑与参与度，建立社群就显得尤为重要。企业可以通过与其客户共同搭建交流社区，让客户成为这一社区的核心。引导客户在这个社区中发表意见并提出建议，这些观点都可以变成企业对产品、供应链、渠道选择的重要改革点。

第三节 数字化时代企业的市场营销新趋势

一、粉丝经济是数字化时代市场营销的新趋势

在社交网络盛行的今天，企业开展市场营销并不仅仅要创造和经营内容，同时还必须关注社交网络中的人。对于企业而言，更关键的是这个"人"是不是企业产品的"粉丝"。这个人，不仅指名义上的粉丝，还有那些与企业产品有关的、暂时还没有关注企业的，但在社交网络上与企业的关键词匹配、与企业的相应业务场景对应的人，这个人可能是企业产品的粉丝，也可能还不是企业产品的粉丝。因此，在企业的社交网络运营中，关注企业产品的粉丝不是主要的，重要的是企业的社交联系"人"或者社交"消费者"，这才是大粉丝的概念。

企业在社交网络中采取的一切行动都应该以获取客户的信任为目标，建立和维护信任关系十分重要。企业要学习如何在社交网络上有效地"影响"潜在消费者，利用客户和粉丝的力量推广本企业的产品。基于此，如何影响人群就成为企业开展市场营销的关键。既然企业不能控制社交网络那么就需要认真地倾听社交网络、利用社交网络并从中吸取经验教训。因此，社交网络的特征之一就是企业可以倾听、参与、衡量、跟踪它，并且企业还可以与社交网络互动，随着时间的推移，企业可以对自己所学到的经验进行不断的修改和完善，然后企业就会明白应该在社交网络上发布什么信息，并逐渐学会影响社交对话的技巧。

从以上分析可以看出，社交网络是一个自然形成的、基于共同兴趣的交谈圈。如果企业试图采用各种权势、胁迫和控制等手段来影响结果，那么这种结果即使存在也是毫无意义的：企业需要采用透明的方式找到"人"，那些可以"被影响的人群"，引导他们在社区中积极交谈，然后再对这些对话形式进行改善，以此增强企业产品的影响力。

社交网络的出现改变了原有的信息传播方式和获取方式。在内容方面,利用社交网络可以花费很低的成本去创建一些让人们喜欢的、有价值的消息内容。它也使我们不再只是通过出版物与作家、编辑进行沟通,更关键的是帮助我们与世界各地的人进行交流。现在每个人都可以申请一个博客网站或者微博账号,或者开通一个微信公众号,然后便可以在这些账号上发表文章或者视频。每个人都可以评论其内容,影响它的风格和出版方向。这就是社交媒体及其带来的内容革命。

微信是移动社交的即时通信应用,用户除了利用微信进行即时沟通外,还可以在朋友圈发布和分享信息。虽然移动社交更多的是一对一的私密互动,但通过朋友圈,使用者可以在强关系网络中传递和传播内容,即使传播数量不及微博等社交媒体,但信息传播率也不容忽视。这是社交网络时代的虚拟社会形态,在这个虚拟社会中,参与的条件就是在社交平台上发布消息。对于社交网络的使用不仅是添加内容、与他人交谈,还包括创建社区,这才是社交网络的美妙之处。当这些关系被运用到商业中时,将有效地促进顾客对品牌的忠诚度。企业应该清楚,社交网络为企业提供了一个巨大的机遇,一个推广其产品、扩展市场范围,以及重构与消费者之间的信任关系的机遇。

对于企业而言,必须充分认识到社交网络的核心是粉丝和内容。社交网络是以个体为中心并由用户创造内容的平台。企业的社交网络运营是经营粉丝和内容,内容经营包括定调性的资讯、基本面的商业、促销类的活动及阻击类的竞争对手等;粉丝经营包括互动、分类和持续跟踪。

当然,企业在通过社交网络开展粉丝营销的过程中,必须对各种网络资源进行合理整合,人是内容的源泉,要通过恰当的方式影响人群、聚合人群;人创造内容、分享内容并利用内容。现在看来,企业利用新媒体的过程在本质上是一个整合的过程。社交网络只不过是与其他营销工具一样的新渠道,企业需要做的仍然是将目标客户转化为品牌的粉丝并与企业其他营销渠道进行整合。

(一)口碑营销

企业应该将产品作为一个有机的生命体,产品的设计和生产并不是一劳永逸的，企业需要做的是不断完善和迭代产品。产品因用户需求而产生，也随着用户需求的变化而完善。也就是说，产品的真正主人是用户，而运营者只是循着用户需求的线索去还原产品。就像乔布斯所说的那样，用户并不知道自己想要的是什么。但当企业生产出某种产品后，用户会提出产品的不足，而这些不足之处正是企业创新的源头。提出产品不足的用户正是企业产品的忠实粉丝。因此，一个产品的成长，就是粉丝参与的过程，而运营者需要做的就是了解、倾听、洞察、实现和完善。乔布斯从来没有进行过市场调查，也没有为自己的产品聘请过任何咨询公司，但是苹果公司向来重视用户的反馈，其每向市场投放一款产品后都会向用户发送调查网页。

当前，粉丝在产品的成长过程中发挥着重要作用，他们不仅帮助企业一起完善产品，还推动企业的产品走向大众市场。如今，粉丝所代表的是一种用户潮流，即参与化、尊重化及圈子化的用户集群。对营销者而言，如果想要使自己的产品拥有广大"粉丝"市场，就必须理解该产品所面对的消费群体，并且需要与这个群体建立长久的供求关系。

企业开展粉丝营销，应该从口碑营销入手。"口碑营销最早的形式是通过朋友口耳相传的方式来进行的，后来随着媒体业的快速发展，口碑营销也开始发生变化"①，但其优势却没有改变，依旧是成本低廉、效果显著。

口碑营销的一个重要特征就是低成本，企业甚至可以在不消耗成本的基础上开展口碑营销。优秀的口碑营销效果要比其他广告营销效果更明显。很多企业对口碑营销的认识都是错误的——这些企业认为制造优质的商品，让消费者满意，使消费者口口相传就是口碑营销。实际上，制造优质的商品、让消费者满意只是优秀口碑营销的最低要求。口碑营销作为一种营销形式，其中自然包含一些市场营销的技巧，对此一些企业又产生了一种极端认识：口碑营销就是大肆炒作。其实，这些都是对口碑营销的错误认知和判断。企业不应只将口碑营销当作营销战术，而应将其上升到战略高度来认真对待。在当今信息传播渠道众多、传播速度

① 陆生堂，卫振中．数字经济时代下企业市场营销发展研究［M］．太原：山西经济出版社，2021．

极快的时代下，影响恶劣的口碑营销事件很可能毁灭一个企业或者品牌，因此企业必须将口碑营销纳入企业发展的战略规划之中，利用战略的思维方式和谨慎的态度来进行口碑营销。企业开展口碑营销应该做到三点。

1. 口碑营销注重利益的连接

人们通常会将关注点放在与自身利益相关的问题上，而这也是企业开展口碑营销的重要着手点。因此，企业在进行口碑营销时应该将产品利益与目标受众紧密地联系起来。例如，美国一家生产饼干的企业为了迅速击败竞争对手举办了海量饼干派送活动。竞争对手因此指控其不正当竞争，随后工商部门对此介入调查。因为饼干派送与消费者的利益相关，所以众多消费者对此事件的发展极为关注。于是，这家企业便发动消费者，并博取大家的同情和支持。此举果然见效，甚至有人还采用游行的方式支持该企业。虽然最终饼干赠送活动被叫停，但是该企业的知名度和声誉得到了显著提升，产品销量也随之大幅增长。

2. 口碑传播善于利用众多强大的势能

相较于其他传统营销方式，口碑营销最显著的特征就是以小博大，也就是利用低成本获得高收益，因此在操作时企业要善于利用众多强大的势能。企业可以借助自然规律、政策法规和突发事件，甚至借助强大竞争对手的势能。美国的瑞克影音唱片公司由于侵犯了一家行业巨头的著作权而被对方起诉。瑞克影音唱片公司高管发现，与行业巨头扯上关系对自己的好处是非常大的。于是，瑞克影音唱片公司决定与这家行业中的领导企业对簿公堂并大肆宣扬，虽然两次败诉，却仍然坚持上诉。虽然瑞克影音唱片公司最终以败诉告终，但这次蚂蚁与大象的对决却吸引了无数人的关注，这家名不见经传的唱片公司也因此一举成为美国的知名公司。

美国高地地区可以种植出味道甘甜、口感清脆的苹果。虽然这种苹果受到人们的欢迎，但是当地气候无常，很多苹果会因为冰雹天气而被损坏。这就导致这种苹果的销售价格即使被降得很低，也依然无人问津。当地商人想出一个办法，那就是对外大肆宣扬："正宗高地苹果都带有冰雹打过的疤痕，没有疤痕的肯定不是正宗高地苹果。"经过这样的宣传之后，带有疤痕的高地苹果马上被销售一空。显然，这就是利用自然势能，将不利因素转化为有利因素的经典案例。

3. 口碑营销须保证营销内容的新颖性

人们将口碑营销称为"病毒"式营销，因为其核心内容是可以"传染"受众的"病毒"性事件，而且"病毒"威力的强弱直接影响营销传播的效果。在当今这样一个信息爆炸、媒体泛滥的时代，消费者对广告和新闻都具有极强的免疫能力。因此，只有不断地制造内容惊奇的口碑传播内容才可以将大众的目光吸引过来。张瑞敏砸冰箱事件就在当时引起了大众热烈的议论，海尔也因此获得了极高的美誉。但此事之后虽其他企业也有类似的行为，却没有得到很多人的关注。因此，口碑营销的内容必须要新颖奇特。

企业开展社会化营销，其根本目的在于利用众多媒体推广产品、观察产品所形成的口碑，对老用户进行维护并发掘新用户。当前，我们已经来到了粉丝经济时代，内容碎片化成为一种主流趋势，这就要求企业必须在网络上发布大量的内容，这样才可以满足大众的期望。

利用传统媒体开展市场营销时，企业通常会选择优秀的媒体进行产品或服务的推广宣传。但是利用社交媒体开展市场营销的关键在于"社交"，它的出发点是引发用户的讨论。社交媒体宣传和推广的内容是由企业与用户一同打造出来的，发布内容是为了引起潜在顾客的共鸣，进而产生更多的内容。

社会化营销产生了粉丝，粉丝则促进了社会化营销工具的升级，而且粉丝能够使信息再次传播，这就是口碑传播。因此，想要做好粉丝营销，首先要做的就是口碑营销。

(二) 微信营销

微信虽然是一个即时通信工具，但是其功能不局限于此，朋友圈、公众号等功能为企业开展粉丝营销提供了重要平台。目前，微信朋友圈在人们的生活中发挥着重要作用，用户可以将自己的照片、状态等在朋友圈中发布，这使得微信成为一个企业偏好的宣传阵地。企业可以通过微信公众号推送消息。普通公众账号只能群发文字、图片和语音，认证之后的账号则拥有更高的权限，其不仅可以推送单条图文信息，还可以推送专题信息。微信营销运营有着自己的规律，而微信时代下的粉丝营销也有着与微信营销一样的规律。

企业要想利用微信开展市场营销首先需要做的就是申请账号，然后取得认证，接下来便可通过微信公众号来吸引人群关注，从而与之建立关系。但是，企业仅通过建立微信公众号进行微信营销是远远不够的，营销人员还可以基于微信公众平台进行二次开发，如建立微网站等。这样做使企业的营销内容更具差异化，提高了用户体验感。

目前，很多企业的微信账号都具有股票查询功能，一些美容院的微信账号具有查看皮肤指数功能、星巴克的自然醒功能等，这些都是为用户量身定制的功能。内容方面更要以粉丝的需求为主，即粉丝想看什么内容就给他们发送什么内容，其只需要输入命令便可以得到相应内容。例如，粉丝输入"你好"，就可以看到相关的介绍；输入"联系方式"，就可以查看准确的联系方式和地址。这些功能与内容的关注重点就是目标人群的需要，运营者需要考虑的就是如何能让他们更加依赖企业。另外，企业开展微信营销必须抓住重点，要在营销中做到主次分明，这样才能使接下来的工作有条不紊地进行。

此外，企业在生产微信内容时要专注于引起客户的注意，激发客户对企业推送内容的兴趣，要让客户通过微信内容体验到其中精彩纷呈的情节。企业公众账号只有产生更鲜活和更接地气的内容，才会显得更真实、更具亲和力。在进行内容推送时，营销人员应该重视内容的主题性和策略性，不能今天是论坛营销，明天是微博营销，后天又变成微信营销，要保持营销手段的统一性。

企业还应该重视活动在微信营销中的作用。活动是目前最具人气的一种售卖方式，因为无论是赠送奖品还是共同参与话题的探讨，都可以大大提升粉丝的增长速度。快销品和餐饮行业通过活动增加粉丝的速度明显比其他行业要快得多，免费试吃活动便可以推动粉丝将其分享到自己的朋友圈，使更多的人了解企业的产品。活动营销最重要的是符合受众的需求，而人群效应则是口碑爆发的前提。企业可以通过一些活动来提高自己在粉丝心目中的地位。

微信营销已经成为各企业最常采取的营销方式之一，在微信营销运营过程中，企业要不停地找到问题并解决问题。企业要合理地建立客户数据库并进行数据分析，做好持续营销和口碑营销。另外，企业还可以通过与粉丝互动沟通和精细化管理粉丝使企业的客户数据库得到更新和丰富，让企业的内容推广更加科学化。随着微信功能的不断完善，企业要对目标市场进行细分，不断挖掘微信营销的价值。

二、网红经济是数字化时代市场营销的新动力

（一）数字化时代网红经济的特征

网红经济的特征主要包括以下几点：

第一，专业化。在网络环境下逐渐形成了一个全新的社会形态，即网络虚拟社会，在这个虚拟空间，擅长"吐槽"、搞笑成为重要的生产力。目前，在社交网络上就产生了一批专业网红，通过发布有趣的短视频成功汇聚大量粉丝，其根本原因是原创成为网红经济的新势力。

第二，视频化。随着移动互联网的发展，利用手机观看视频逐渐成为大众获取信息的习惯，从美拍到秒拍再到小咖秀，短视频数量暴增并迅速成为人们社交需求的典范。不可否认，优质的视频内容产品能够得到更多人的认可，将来会涌现出更多的原创内容。

第三，多元化。随着自媒体的出现，公众在其影响下接收的信息趋向碎片化，网络红人根据自身优势而从事的项目也趋向多元化及职业化：有在线直播美容化妆的博主，有烹饪各种美食的达人，也有犀利点评时尚和娱乐的微信公众号。伴随着网红数量的大幅增加，其涉及的领域也在不断扩大，从早期的娱乐内容作品创作及美妆到之后的知识科普、信息分享，再到现在的美食、财经等领域，都在不断地发展成为孕育新生代网红的土壤。

第四，运营多元化。在网络时代，懂得运用平台才能充分发挥网络资源的作用，可以说平台本身就是最重要的网络资源，任何人都可以借助平台发表信息供他人分享。目前，网红经济商业运营模式包括个人运营模式和团队运营模式。

（二）网红营销的核心与思路

1. 网红营销的核心是其传播力和影响力

网红早在互联网门户时代就已经存在，但在当时并没有提出网红这一概念，网红与网红经济的真正崛起，则是在 2015 年举行的淘宝网红经济研讨会之后。那些拥有独特品位、才艺丰富的网红群体，凭借其拥有的海量粉丝及强大的变现能力被外界广泛关注。

人们注意到，网红在经过一定的培养后，可以释放出巨大的商业价值。从本质上来说，网红塑造的网络形象是以内容为主的，同时强调品牌的人格化塑造，其价值创造过程是始终围绕内容进行的。在这个泛中心化的时代，只要能够创造出有价值的内容，就可以借助互联网成为外界关注的焦点。从内容创造到传播，再到变现交易，整个价值创造过程都可以在线上快速完成。可以说，一个网红就是一个自带用户流量、拥有较强影响力的人格化品牌。网红经济的价值创造能力正反映出了当下内容创业的崛起。网红与明星、名人并不相同，网红具有其独特的特点。

（1）网红自带多元化、流量庞大的传播渠道。

对于明星、名人来说，其品牌及形象具有较强的影响力，其传播渠道也被广大新闻媒体所控制。网红则是借助微博、微信、视频网站等具有庞大用户流量的多种传播渠道。在内容传播方式与人们需求发生巨大变革的背景下，网红经济将迎来爆发式的增长。

（2）网红内容必须是能塑造出人格化品牌的网红内容。

网红创造的内容要想被消费者关注并传播，则必须要在网络环境中定制、改造这些内容，不能将线下的人或事物简单地线上化。只有这样，其内容才更具生命力。具体来说，网红创造的内容应该具有以下三个方面的特点：

第一，要塑造出清晰且明确的人格化品牌，使用户产生情感共鸣，这样的内容才会被广泛传播。

第二，内容传播要迎合传播载体、渠道的发展趋势，在不同的环境下选择更加符合自身需求的平台、传播介质及相应的内容格式。

第三，内容要迎合线上传播、变现、再加工等方面的需求，从而让更多的网民参与到价值创造中来，产生更多的增量价值。

（3）内容是决定网红传播效果的关键。

网红创造虽然对内容有一定的要求，但是这种要求比较低，这也是名人、草根都可以成为网红的原因，而且随着科技的发展，网红已经不再局限于人类，小度机器人、"微软小冰"等都有可能成为网红。只要网红能形成人格化品牌，源源不断地创造出被网民认可的网红内容，在现实中毫无影响力的普通人也可以成为深受网民喜爱的网红。虽然网红的形式不同，但是他们并不存在层级上的差异，决定网红真正价值的是其传播力和影响力。传播力与渠道有着密切的关联，而影响力则决定了网红向用户传播的内容能否被认可、讨论、转发。

2. 网红营销的基本思路是把握内容生产

近年来，网红成为时代的新名词，网红经济为市场繁荣增添了一把火，而网红经济的本质是内容。也就是说，在互联网时代下，内容在流量争夺战中占据着越来越重要的地位。如今，传统电视媒体及其内容输出的地位受到网红的巨大冲击，随着网红经济的进一步发展，网红很有可能替代传统明星。但需要明确的一点是，无论是娱乐产业还是网红群体的发展，其基本都是内容生产。

来自网络平台的信息内容与来自传统媒体的信息内容存在很多区别。这不仅表现在生产方式、推广渠道上，同时还表现在最终的接收与消费及价值实现方式上。其改革不仅体现在传播媒介上，更体现在信息本身的传达方式上。随着移动互联网的发展，改革会更加深入，影响的范围也将更加宽泛。对于内容生产者而言，可以说当今是有史以来最好的时代，他们可以充分发挥自身的内容优势获得发展的绝佳时机。生产者无须在意除内容之外的其他要求，在持续推出优质内容并保持风格一致的基础上，经过成熟运营后便能取得最终的成功。但这并不意味着谁都可以成为网红，尤其是在网红越来越多的情况下，网红经济发展的关键仍然在于内容，要想创造出好的内容，应关注以下问题：

（1）将格式作为抓手。

随着网红经济的发展，很多从业者和相关研究人员注意到网红营销的重要性，并且部分学者将一些成功实例作为研究对象开展研究。不可否认的是，格式的变革确实能够影响内容的生产、营销模式及人们的消费行为，如传统博客变成更加精简的微博。格式的创新能够挖掘出流量中隐藏的商业价值，以特征鲜明的内容结合新格式的应用，这样才有可能实现大范围推广。

需要注意的是，网红营销不但要注重格式的创新，还要明确自己的整体风格，深入研究目标群体的共性特征，采用切合自身与用户需求的内容格式、推广渠道及营销方案，在自身内容风格与新颖格式之间找到契合点，根据自己的实际情况做出决定。

（2）明确内容的核心地位。

内容是一切的基础，而内容是由生产者创造出来的。内容创造团队的发展在很大程度上决定了内容整体价值的高低，但团队化运作仍然无法确保内容的品质。因此，在确保内容质量的基础上采用团队运作，最大限度地提高网红价值。

可以看出，开展网红营销并不是一件容易的事情，如果塑造的核心人物本身不具备发展潜力，那么将其培养成观众的焦点，几乎是不可能的。对于内容生产来说，如果生产者本身的能力不足，那么加入再多的人也无法改善内容质量。想要提高自身的竞争优势，最关键的就是找到具备杰出生产能力与发展潜力的人，为其提供其他方面的支持，激发其创造力。

网红在创造内容时，应该将内容的整体风格与特征作为重点。产品的风格取决于其核心生产者，内容生产者的价值理念、对整体的把握，能够在很大程度上决定产品的定位及发展方向。其他因素如团队运营、具体操作步骤及其他资源，只是使产品特征更加突出而已。

（3）以形势为支点，顺势而为。

当前，我们已经迎来了移动互联网时代，移动互联网使内容传播的方式更加多样化，传统媒介对内容传播的限制被消除。同时，互联网可以更好地满足不同细分领域的用户对信息内容的不同需求，基本上实现了信息内容的全面覆盖。这些因素使得越来越多的内容产品由原本的横向发展转向纵向发展。当今社会，"90后""00后"的年轻用户逐渐成为社会主体，他们对于亚文化的偏好使这种内容发展趋势越来越明显。内容生产者要借助这种趋势，创造出符合网民需求的内容。

（三）网红经济的发展趋势

1. 网红观念不断更新

网红在我国早已出现，但是直到"互联网+"时代，网红经济的理念才逐渐被人们提出并得到广泛的关注和认可，成为新经济下一个重要的发展趋势。导致这一现象的原因在于人们的社会价值观念发生了变化。如今是以消费为主导的社会，在物质产品极大丰富的情况下，人们开始重视个性化需求与自我展示；互联网技术的变化和互联网平台的多元化，使得信息的交流和传播速度大大提升，降低了人们获取这些信息的成本。这是网红经济能够从理论变成具体社会现象的前提。

从我国当前发展实际来看，要想重构传统产业和消费方式、推进经济发展方式的更新就需要借助网红经济的力量。互联网新媒介的不断发展，为新经济发展模式的实践提供了便利的条件。

2. 网红经济主体不断换位

随着互联网技术的不断发展，"互联网+"的概念不断被拓展和深入，交易主体的持续融合成为商业活动的最大变化，卖家和买家的界限变得模糊不清。用户在网上购买一件衣服，这时的用户是买家；如果用户对这件衣服不满意，则会将衣服销售出去，这里的用户就成了卖家。借助互联网的发展，用户可以通过发布信息快速便利地找到商品，也可以将自己购置或是闲置的商品有偿出售。

在"互联网+"这种新的经济模式下，"大众创业、万众创新"将不再是口号，而将真正地成为现实。可以说，在网红经济时代，企业或者商家比拼的不再是产品和服务的创新，而是对瞬息万变的市场信息的把握。

3. 网红经济内容不断丰富

随着科技的不断进步，网红经济有着庞大的数据作为支撑。移动互联网作为媒介平台，通过与物流、厂商、包装等行业的系统合作，实现了网红经济的快速发展。仅以电商领域为例，网红经济涉及的内容不仅包括买卖商品，还包括提供商品售后服务；同时，商家还可以为客户打造出独家定制的商品，并附赠一些商品的使用建议和信息。

随着移动互联网技术的不断更新和发展，网红经济涉及的范围越来越广、内容越来越丰富。这不仅满足了客户的日常需求，还帮助企业维护了客户资源，提升了消费者购买的愉悦感，使企业挖掘出了一大批潜在客户。可以说移动互联网是推动网红经济发展的重要动力。

4. 网红经济形式不断创新

当前，我国正在大力推进"互联网+"战略，而网红经济则是互联网时代推动传统产业转型与重构的重要力量。作为一种新的经济理念和商业发展模式，起初网红经济的形式主要表现在将数量庞大的粉丝转变成资金方面。例如，商家将自己长期积累的粉丝数量变为实际的购买力，从而将粉丝变为资本。网红经济对不同领域的渗透也使得网红经济的形式不只限于通过生产商品达到变现的目标，还能通过其他方式（如服务等）进行变现。

在网络技术不断发展的今天，经济的发展更加离不开不同主体间的协作。网红经济正是在这种情形下发展和兴盛起来的。网红经济必须不断创新形式，才能适应时代的发展需求。

5. 网红经济规模不断扩大

目前，网红经济的市场规模超过了千亿元。在短期内，整个行业还将持续扩张，从电商平台的网红到电竞主播再到移动视频，网红经济的产业链越来越长，其规模也越来越大。

实际上，我国网红经济的发展时间并不长，但是发展速度却十分惊人，仅仅两三年的时间就取得了卓越的成绩。随着人们个性化需求的不断提升及互联网平台的专业化发展，网红经济的规模将会进一步扩大。

6. 网红经济范围不断拓展

互联网技术的发展使人们的生活方式发生了巨大的改变，原有的消费行为和思维方式已经升级，在"互联网+"的背景下，网红经济颠覆了传统经济学中的一些理论。

在网红经济发展之初，其范围十分有限，主要集中在电商领域，即实现人们在网络上对产品的选择，以节省时间和购买成本。随着互联网技术的发展及移动终端设备在人们生活中的普及，更多的人可以通过移动网络平台展示自己和获取信息。这给网红经济的发展带来了极大的便利。网红经济的范围也远远超过了原有的实物范围和电商领域，拓展到了知识、数据、应用等领域。

7. 网红经济增量不断扩大

在以生产为主的社会中，资源的稀缺使生产不能满足人们多方面的需求；而在消费盛行的今天，社会资源不仅能够满足人们多方面的需求，还可以满足人们个性化的需求。因此，如何利用有限的资源达到利益的最大化就变得尤为重要。在互联网时代，人们可以借助网络展示自己、分享自己的生活，这让更具活力的网红经济成为可能。通过了解客户的要求，网红可以快速地做出相应的反应，生产出客户喜欢的产品，让定制不再只属于高级人士，而属于每一位消费者，这便扩大了网红经济的增量。

8. 网红经济价值不断提升

随着人们生活水平的不断提高，人们的需求呈现多元化和个性化趋势，传统经济由于难以满足消费者需求而逐渐走向下坡路；而以互联网技术为基础的网红经济便得到了快速发展。依托互联网技术和社交平台，网红经济实现了资源的流动和个性化服务，它是向创新型经济模式和服务型经济模式发展的重要途径。

网红经济的发展颠覆了传统价值理念和经济模式，实现了对传统经济的升级和重构，为"大众创业、万众创新"提供了途径。

9. 网红经济技术不断优化

网红经济的发展得益于信息技术的发展，互联网为其提供了发展平台，而信息技术的不断发展将推动网红经济焕发出更大的发展潜力。云计算的出现更是为商家或者内容生产者提供了相对精确的网络访问数据，这些资源减少了商家和内容生产商的工作量，提高了服务的品质和速度。

互联网和云计算等技术的不断优化，为网红经济提供了极大的便利条件，从而创造了更大的价值。网红经济从单纯的社会现象发展成为一个新的经济增长模式。

10. 网红社交不断扩大

网红经济说到底还是要以客户为中心，这就要求其必须关注信息交流和消费者的购买需求，只有以此为基础才可以实现个性化定制。智能终端技术和移动互联网的发展为网红社交的扩大铺平了道路。人们不仅可以使用文字信息，还可以获取图片和视频信息。网络社交形式和网络社交平台的多样化，也使得网红经济涉及的领域不断拓宽。

信息交流方式随着时代的进步而不断变化。当腾讯 QQ 还处于起步阶段时，网络信息基本上通过文字来传递；在 QQ 急速发展阶段，图片信息可以通过网络传递与共享，这时的社交无论从形式上还是内容上都得到了极大的扩展。进入视频时代，人们不仅可以通过视频了解更加真实的情况，还可以通过直播的形式获取更加直观的信息。

当前，网红经济发展呈现多平台化趋势，网红经济不仅仅渗透到社交通信领域，还在网游、电商等领域也占据着重要的地位。想要充分发挥网红经济的力量，就需要更好地运用多种平台。随着互联网的不断发展，不同的内容领域衍生出了众多的平台，导致了曾经扎根于单一平台的方式无法跟上市场的节奏。在适合自身优势及内容的多个平台上同时上传作品以吸引不同使用习惯的粉丝，成为如今网红们提升自身知名度的新方式。

第四节 数字化时代企业的市场营销管理

一、企业的市场营销目标管理

（一）市场营销目标管理的意义与内容

20 世纪 60 年代，管理学家彼得·德鲁克通过对福特汽车破产危机的案例进行分析，提出了目标管理理论。具体来说，他认为应该提高并更新对企业经理人的要求，也就是要求经理人必须承担相应的职责，必须在企业运营管理的过程中正确进行目标管理。德鲁克提出，企业开展目标管理活动需要有机结合企业目标和员工目标。一方面，强调目标的导向性原则，也就是说要求企业员工清晰地认识到企业发展目标和自身发展目标，并且愿意承担相应的职责，与企业实现共同发展。另一方面，强调企业员工应该在管理过程中进行有效的自我控制。按照德鲁克的理论，应该让企业员工积极参与目标制定的过程，引导员工正确认识和看待自己的目标和企业的目标，因为只有亲身参与才能有效地实现对自我的控制和约束。

1. 市场营销目标管理的重要性

现代企业的平稳可持续发展离不开市场营销，企业必须在了解市场条件和自身情况的基础上进行精准的市场营销，从而不断提升自身的市场竞争力。要想开展精准的市场营销，就要明确市场营销目标，以该目标为指导开展具有针对性的市场营销活动。企业应该避免制定单一或者片面的市场营销目标，因为在这样的目标引导下很容易出现错误的市场营销行为，从而阻碍企业的健康发展。随着全球化进程的不断加快，市场竞争越来越激烈，提高产品销售量、最大限度获得产品收益成为诸多企业唯一的营销目标，这种单一化的营销目标虽然提高了企业的收益，为企业的未来发展积攒了充足的物质基础，但是从另一个角度来说，只以提高销售量为目标往往忽视了实现目标的过程，只关注目标结果。在面临消费者权益优先还是企业利益优先这个问题时，企业容易做出错误的决策。

因此，为了避免可能出现的危机，企业经营者在制定企业营销目标时，必须创新管理思路，从发展的全局角度出发，制定一套系统综合的目标，避免营销目标过于单一；同时，企业还需要制定一套完整的营销目标管理制度对营销目标加以监管。

2. 目标管理理论的应用

首先，企业在制订营销计划时应该注重可执行性和可评估性。一方面，只有制定合理的营销目标，才可以此为指导开展成功的市场营销，科学合理的营销目标是市场营销顺利进行的重要保障；相反，具有偏颇性的营销目标则无法指引营销计划的顺利实施。另一方面，对市场营销的完成情况进行评估需要以明确的营销目标作为标准，只有这样才能保证评估的准确性和科学性，明确的营销目标有助于评估营销计划的优势和不足。其次，为营销结果的绩效管理提供了依据，绩效管理的重点是将结果与量化的目标进行比较分析，营销目标管理将企业整体营销目标进行合理的分解，不仅强调对结果的分析，同时强调对过程的分析，提高了纠正偏差的可能性。最后，营销目标管理有利于加强对企业自身行为的规范管理，避免了为达到单一目标而不择手段进行营销的行为。

3. 企业营销目标设立的内容

企业营销目标设立的内容包括三个方面（见图4-10）。

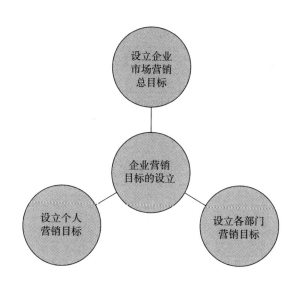

图4-10　企业营销目标的设立

（1）设立企业市场营销总目标。

企业为了自身的生存和发展有必要明确市场营销总目标。设立市场营销总目标，一方面可以满足企业追求利益最大化的需求，另一方面可以此为基础帮助企业明确新目标。只有目标明确，企业才能沿着正确的轨道前进。

（2）设立各部门营销目标。

一家企业是由多个部门组成的，为了市场营销总目标的实现有必要设立市场营销部门的营销目标，在设立这一目标时企业需要严格遵循整体性原则和协调性原则。整体性原则是指部门营销目标的设立必须符合总营销目标，因为企业和其各部门之间是整体与局部的关系，整体目标居于指导地位，局部离不开整体，应该具有全局的观念，即部门目标不能凌驾于企业总目标之上。协调性原则体现为企业各分部门之间要加强交流与沟通，一方面避免目标重复设立，造成企业资源的浪费；另一方面避免目标冲突，导致各部门利益及企业整体利益受损。

（3）设立个人营销目标。

企业员工是企业的组成部分，企业市场营销目标的实现需要依靠企业员工的努力。在设立企业员工个人营销目标时，必须保证该目标与部门目标和企业整体目标相契合，保证各个目标的利益一致性。在充分了解企业营销目标和部门营销目标后根据自身现实情况制定符合要求的个人营销目标。从企业总营销目标到部门营销目标再到个人营销目标设立的这个过程是目标管理中目标层级化的过程，将目标分解成不同的层级以备更好地进行管理是目标管理中的一个重要环节。

4. 目标管理理论在应用中的问题

企业管理者将目标管理理论应用于实践时，必然会面临很多困难和问题，只有了解并解决这些问题才能保证市场营销目标的顺利实现。主观问题主要表现为企业市场营销总目标制订者和企业营销目标实施者之间的矛盾。价值观念、营销能力及受教育程度等的不同，必然会在制订者和实施者之间形成一定的阻碍，营销目标的制订无法估计到不同层级不同营销人员的切身情况，也就导致无法满足所有人的期望和需求。客观问题主要表现为经济和社会两个层面。经济层面指的是，全球经济的发展处于持续的变化之中，企业所面临的内外部环境也在不断地调整和变化，要想顺应经济时代的变化，就必须准确地把握经济发展的规律，并对此做出及时的回应。顺应经济发展潮流的营销目标会取得成功，无法快速感知经济变化、违背经济发展规律的营销目标将对企业造成巨大的负面影响。因此，对于企业的管理者来说，如何运用企业现有的资源对内外部环境变化做出适时调整，以保证企业的市场营销目标符合经济发展规律，是对其提出的巨大挑战。社会层面是指作为社会这个大分子中的一个小分子，企业肩负着一定的社会责任。企业营销目标的设立不仅仅要考虑企业自身的发展利益，同时还要兼顾社会的整体利益。一切有损社会利益、与社会需求脱节的企业营销目标都无法得以实现。

当前我国市场面临着剧烈变动，市场经济快速发展，对外开放程度不断加深，网络等信息技术发展迅猛，现代企业的市场竞争环境不断变化，增强自身竞争力成为生存和发展的重要手段。尤其是随着电子商务的出现和发展，很多传统企业面临转型困境，互联网化成为现代企业发展的重要趋势。目前，很多企业已经成功利用微博、微信等现代媒介进行营销，大大改变了传统的营销模式。在传统营销手段不断更新的情况下，企业经营者的营销理念也必须随之发生改变。市场营销目标管理正是基于目标管理理论发展起来的一种新型营销管理方法，但企业如何正确运用目标管理理论实现市场营销目标的精准运营是企业管理者需要不断思考和解决的问题。

（二）以目标管理实现企业成本的控制

企业开展数字经济时代下的市场营销，相较于传统营销最直接的竞争优势便是对成本费用的控制。数字经济时代下的市场营销建立在新型营销管理模式上，它运用互联网及互联网思维实现对传统企业营销管理组织结构及运作模式的改造，同时对其他相关业务部门进行合理整合，以此实现对企业成本最大限度的控制。

1. 降低营销及管理成本

互联网通过开放的统一标准连接各种类型的计算机，以此为基础实现计算机资源和信息的最大限度共享，通过互联网还可以进行远程信息交流和沟通。随着互联网的快速发展，已经有很多企业将互联网融入企业管理中，并以此获得了很大的经济效益。企业可以利用互联网降低管理中各项成本费用，如交通、通信、人工、财务等方面的费用，这样就可以在很大程度上提高管理效益。很多人选择在网上创办企业，因为这样可以用较低的成本管理企业，对于年轻创业者来说，这样做可以寻求更多的发展机会。

（1）降低人工费用。

在传统管理过程中会有很多业务和环节需要人工处理，但是其中的很多业务现在都可以利用计算机和互联网自动完成，因此可以降低一定的人工费用。例如，美国戴尔公司最初的直销业务需要人工通过电话或邮寄进行，但在使用互联网进行直销后，用户便可以直接在线选择相应的产品并下单购买。通过这种方式戴尔公司提高了经济效益，用户可以自行选择心仪的产品，戴尔公司也可以省去一部分用来雇佣电话客服人员的资金，并且还可以避免电话订单中很多无法明确的因素，因此提高了业务效率。由此可以看出，将互联网应用于企业管理，一方面可以提高工作效率，另一方面可以避免人工因素造成的损失。

（2）降低交通和通信费用。

很多全球性企业业务涉及范围广泛，企业内地业务人员和管理人员必须和世界各地的业务相关者保持密切联系。很多跨国公司的管理人员和业务人员需要在交通方面花费较多的时间和金钱，因为他们需要经常出差到各地了解业务进展。互联网技术可以降低他们在这方面的费用，因为管理人员和业务人员可以使用E-mail、网络电话、网络会议等方式进行跨空间沟通。

对于一些中小型企业，互联网为它们提供了更多的发展机会，不用担心大额的交通费和通信费，可以通过互联网拓展业务。

（3）降低办公室租金。

商业企业利用互联网可以实现无店铺经营，工业企业利用互联网可以实现无厂房经营。目前，很多在互联网上开展业务的企业都将自己的办公室从城市中心搬到了近郊地区，这样可以避免城市交通拥堵带来的麻烦，还可以降低企业的办公室租金成本。对于生产类企业，可以通过互联网将其产品的生产工作发包给其他企业。由此可以看出，通过互联网可以实现全球性生产合作。

（4）降低企业财务费用。

通过互联网可以实现企业管理的信息化、网络化，可以在很大程度上降低企业对一般员工、固定资产的投入及企业日常运转需要的费用开支，由此企业可以节省大量的资金和费用，相应的企业财务费用需求也会有所降低。也正因如此，人们可以使用较少的资金进行创业。人们只要拥有好点子和少量资金就可以通过互联网着手创业，虽然企业的后续发展需要一定风险资金的介入，但是至少在起步阶段少了很多资金上的硬性要求。

2. 降低销售成本

互联网的产生和发展为企业带来了全新的销售模式和管理方式，利用网络直销和网络促销等销售模式可以帮助企业降低销售成本。

（1）网络直销可以降低销售渠道费用。

通过互联网可以跨越时间和空间的限制进行信息的交流和交换，企业以低廉的费用在任何时间任何地点开展一对一的交流。通过互联网进行直销，可以帮助企业扩展其业务覆盖范围，在全球范围内开展业务；用户可以通过互联网自由访问企业网站，自行查询需要的产品信息并自助订购产品。通过自动化网上订货系统，企业可以组织生产活动并及时进行产品配送，有效提高销售效率。

（2）网络促销可以降低促销费用。

互联网作为第四类媒体，与传统媒体相比具有很强的交互性和多媒体特性，通过互联网可以实时传送声音、图像和文字信息，可以直接在信息的发送方和接收方之间建立起沟通交流的渠道。例如，网络广告相较于电视广告需要的费用低，但是覆盖范围广、广告效果好，并且可以将广告直接转换为交易，消费者通过网络广告可以直接购买产品。

（三）以目标管理满足消费者个性化需求

1. 市场营销是实现全程营销的理想工具

传统营销管理强调 4Ps 组合，也就是产品、价格、渠道和促销之间的有机组合；现代营销管理则追求 4Cs，也就是顾客、成本、方便和沟通之间的有效协调。但是不论是哪种营销观念都需要建立在企业实行全程营销的前提下，也就是要求企业在产品的设计阶段就要充分考虑消费者的需求和意愿。然而在实际操作的过程中很难实现该要求，因为消费者和企业之间并没有高效的沟通渠道或者沟通成本太高，消费者往往只能针对已经存在的产品提出建议，而无法对尚在开发中并未上市的产品提出建议。此外，很多中小企业并没有足够的资金运用在了解消费者潜在需求方面，所以这些企业在开发和设计产品时只能凭借自身能力或参照市场领导者的策略进行。互联网可以改变这一状况。企业可以通过互联网以极低的成本获取消费者提出的意见和建议，而消费者可以在产品设计、生产、定价、服务等各个阶段对企业产品提出相应的建议。互联网为企业和消费者提供了良好的沟通渠道，一方面为企业产品设计和开发提供了更多的保障，另一方面提高了消费者的参与性和积极性，在这样的沟通下可以使企业生产的产品和提供的服务更好地满足消费者的需求，从而提高顾客满意度。

2. 市场营销是一种以消费者为导向的营销方式

数字经济时代下的市场营销区别于传统营销最主要的特点就是以消费者为主导。消费者在数字经济时代下的市场营销中可以获得更大的自由选择权，他们可以根据自己的偏好和需求在全球范围内寻找商品，不会受到空间上的限制。通过互联网，消费者可以在企业网站或综合购物网站上获取各种商品信息，并能够在全球范围内选择符合预期的商品。这种个性化消费的发展促使企业不得不对传统的营销战略重新考虑，需要更加重视消费者的个性需求，将这点作为提供产品及服务的出发点。随着计算机辅助设计、人工智能、遥感和遥控技术的不断发展和进步，现代企业逐渐拥有了以较低成本进行多品种小批量生产的能力，这种能力可以为企业开展个性化营销提供帮助。大规模开展个性化营销必须要有大量的资金作为支持，还需要解决庞大的促销费用问题。数字经济时代下的科技发展为解决这个问题提出了新的思路和方法，企业通过互联网以较低的成本发布各项数字化的销售信息，并且可以随时对这些信息进行修改，这样就可以为企业节省数额巨大的促销费用。同时，企业也可以根据消费者提出的反馈和要求通过自动服务系统进行改善。

3. 市场营销能满足消费者对购物方便性的需求

在当今这个时代，人们的生活节奏很快，尤其在一些大城市这种规模更为明显，这就导致人们外出消费的时间越来越少。在传统的购物方式中，消费者一般都要经过选择商品、确定购买商品、付款结算、包装商品、取货或送货等一系列环节。买卖过程通常都要在售货地点完成，时间由几分钟到几小时不定。此外，消费者前往售货点、在购买点逗留、从售货点返回都需要一定的时间，这在很大程度上延长了商品的买卖过程，导致消费者不得不在购买商品时付出时间和精力。同时，拥堵的交通和多种多样的店面更是拉长了消费者的购物时间。在现代社会，人们的闲暇时间越来越少，所以他们希望在休息的时间里能够开展一些有益于身心的活动，希望可以尽可能地享受生活。这就导致人们在外出购物这项活动上投入的精力越来越少，从而促进了网络购物的兴起。数字经济时代下的市场营销与传统营销不同，它更具有休闲娱乐的性质。消费者可以在网上比较各种同类产品的性价比，在此基础上做出购买决定。通过网络购物，消费者不用花费时间前往购物地点，如果在产品的使用过程中出现问题，可以和商家取得联系，获得商家及时的技术支持和服务。

4. 市场营销能满足价格重视型消费者的需求

企业可以通过数字经济时代下的科技发展节省巨额的促销和流通费用，为产品成本和价格的降低提供了条件。同时，消费者可以在更大范围内选择合适的商品，甚至可以直接和产品的生产厂家订购，以更低的价格获得同样的商品。

（四）以目标管理提高顾客满意度与忠诚度

各个领域的市场竞争都十分激烈，企业想要在竞争中占据优势地位就必须使自己的产品或服务满足消费者的要求，因此企业如何提高顾客满意度就成了一个重要问题。在数字化时代，可以从四个方面提高顾客的满意度与忠诚度。

1. 为顾客提供满意的订单执行服务

确认企业是否收到了自己的订单对客户来说是一个十分重要的问题，所以企业应该及时告知客户的订单是否已到达。在过去，客户通常会通过电话方式联系供应商来了解情况，供应商还要经过各个部门之间的相互询问后才能把确认的结果告知客户。这种方式对买卖双方来说都是既费时又费力，而通过互联网就可以实现客户的自行查询。例如，现在的快递公司，客户只需要在相关网站上输入快递单号就可以直接查询到订单的执行情况，并且还可以看到预计的货物到达时间。这种自行查询服务功能可以有效地提高顾客满意度，同时还可以为企业节省大量的客户服务费用。

2. 提高顾客服务效率

企业可以通过互联网技术，让顾客根据自身情况自主地寻求帮助，这样可以使企业的客户服务部门有更多的时间和精力处理那些比较复杂的问题，可以更好地处理和管理客户关系，并且可以有针对性地帮助客户解决问题，以此提高顾客满意度。需要注意的是，企业在公开那些有关客户和产品方面信息时应该注意控制，保证只有获得授权的人才可以在系统中进行相关信息的查询，不然很可能造成客户和企业的利益受到侵犯。

3. 为顾客提供满意的产品和服务

客户对产品或服务的需求存在差异，为了满足不同客户的要求，企业应该提供差异化服务，也就是为客户提供满足其特定需求的产品和服务。想要做到这一点就需要企业了解客户的需求，企业通过互联网可以比较容易地了解和掌握客户的特定需求，之后将此作为依据生产产品或提供服务，这样就可以最大限度地满足顾客的需求，提高顾客对企业的忠诚度。例如，美国最大的牛仔服装生产企业VF公司允许消费者通过公司的网站定制符合自己需求的牛仔服，消费者在其网站上通过辅助设计软件 CAD 系统设计出符合自身期望的牛仔服式样，之后 VF 公司会按照消费者自己设计的式样生产产品，保证产品满足消费者的特定需求。

4. 为顾客提供满意的售后服务

很多客户在购买产品后会遇到一些技术方面或是使用方面的问题，尤其是一些高科技产品很容易遇到这类问题，这种情况下，售后服务就显得尤为重要。企业可以将产品的相关信息资料和技术支持资料上传至互联网，客户可以在网络平台上自行查找需要的资料，这样可以自己解决一些简单的问题，企业客户服务人员就只需要解决一些重要的、困难的问题即可。例如，戴尔公司在改进其售后服务时，将公司的一些软件驱动程序和技术资料上传到公司的网站上，客户电脑如果需要升级或是出现了一些简单的问题，其可以从网站上获取相关的售后服务，如果网络售后无法解决该问题，那么客户可以向客户服务部寻求帮助，这样可以有效地提高公司对客户的反应速度，同时也让客户自行解决一些简单的问题，从而为公司节省了时间去处理那些复杂、困难的问题。

二、企业的市场营销风险管理

（一）数字经济时代市场营销的风险类型与成因

市场营销风险是指市场主体在组织开展各种市场营销活动的过程中，由于受到各种不确定因素的影响，导致市场营销失败或者市场营销目标没有实现的可能性。其中，企业内部环境、外部环境、政策规定等都是对市场营销活动产生影响的因素。实际上，虽然市场营销风险可能造成企业或投资者的经济损失，但是正确地看待和处理风险也可以使其成为企业发展的机遇。因此，参与市场营销活动的投资者、企业及竞争者作为市场营销风险的主体，在组织开展市场营销活动时，需要对可能诱发市场营销风险的各种不确定性因素进行预测评估，并制订风险预防与控制措施（方案），用以降低市场风险带来的影响，或实现风险的规避与转换利用，从而达到企业预期的营销目标，提升企业竞争优势，获取最大的经济效益。

1. 数字经济时代下市场营销的风险类型

数字经济时代下的市场营销风险主要包括六种类型。

（1）信用风险。

信用风险主要包括来自买方的信用风险和来自卖方的信用风险。来自买方的信用风险是指网络交易中的买方可能会采用一些恶意手段对卖方利益造成损害的风险。例如，个人消费者在网络交易中使用信用卡进行恶意透支，或使用伪造的信用卡骗取卖方的货物；集团购买者拖延支付货款，风险需要由卖方承担。来自卖方的信用风险是指因为卖方的恶性行为导致买方需要承担的风险。例如，买方付款后，卖方不能按质、按量、按时将货物送至约定处，或者不能完全履行与集团购买者签订的合同，造成买方的购物风险。

（2）信息风险。

近年来，我国网络基础设施的建设获得了很大的进步，但是数字经济时代下市场营销的发展速度极快，这就导致网络基础设施建设并没有完全适应数字经济时代下市场营销的发展需要。数字经济时代下的市场营销对安全防范具有很高的要求，目前市场营销活动中的违法犯罪行为频频发生，如假冒在线服务站点登录页面盗取密码、个人信息、计算机数据等。这类问题都是技术层面的安全问题，这些问题会直接对数字经济时代下市场营销的顺利开展造成严重的影响。

我国网民规模庞大，网络利用率极高，但是网络的发展速度太快以至于网络基础设施建设仍然无法完全满足网络发展的需要，因此数字经济时代下的市场营销仍面临信息风险。从技术层面来看，网络交易的信息风险主要有以下三项内容：

第一，篡改数据。不法分子没有经过授权便进入网络交易系统，使用非法手段删除、修改交易系统中的重要信息，以此破坏数据的完整性，这样做会对他人的经济利益造成损害，也可能对对方的正确决策造成不良干扰。

第二，冒名偷窃。一些不法分子会采用源 IP 地址进行欺骗攻击，通过这种方式窃取被害者计算机中的各项信息，如个人信息、银行密码、商业机密等。

第三，信息丢失。网络交易中出现交易信息丢失主要包括三种情况，即线路问题造成信息丢失、没有采取合适的安全措施导致信息丢失、在不同平台上进行操作导致信息丢失。

此外，信息通过网络进行传递时会经过很多环节和渠道。随着计算机技术和网络技术的迅速发展，现有的病毒防范技术、加密技术、防火墙技术等安全方法措施始终存在着被新技术攻击的可能性。例如，计算机病毒、"黑客"非法侵入、线路窃听等都是网络交易安全的隐患，会对网络交易的安全造成威胁。外界的各种物理性干扰也可能对数据传送的真实性和完整性造成一定的影响。

（3）市场风险。

网络市场十分复杂，会导致市场风险的产生。网络市场相较于传统市场拥有更为广阔的空间，这就使得一方面企业对网络消费者需求特征难以把握，另一方面网络市场的竞争十分激烈。此外，在网络环境下，产品的生命周期明显缩短，这就要求企业要不断地开发和创新，加大了企业在网络市场中的盈利难度，面对这样的市场状况企业将面临着更高的市场风险。

（4）法律风险。

电子商务的技术设计是先进的、超前的，其具有强大的生命力。但是现行法律中对网络交易的规定很少，并不能完全对其进行保护，而这种法律滞后便可能引起法律风险。

（5）制度风险。

宏观经济管理制度体系中较为重要的是法律制度和市场监管制度。建立并切实落实制度可以保证市场秩序维持在一个稳定的状态。企业是市场活动的主体，只有保证以健全的制度作为基础才能安全地开展营销活动，否则企业就会面临由市场混乱引起的制度风险，还可能引起信用风险、资金风险等一系列相关潜在风险。目前我国通过宏观管理制度对网络市场的管理并不全面，还需要进一步加强和完善。

（6）管理风险。

管理风险一直存在于网络交易过程中，进行严格的管理可以有效降低网络交易风险。网络交易中心需要监督买方按时付款，同时还要监督卖方按约定向买方提供相应的货物。在交易的各个环节中都存在着大量的管理问题。要想科学有效地降低这类风险，就需要建立和完善管理制度，建立起相互关联、相互制约的管理制度体系。

人员管理往往是网上商店安全管理中相对薄弱的一环。近年来，我国计算机犯罪呈现出内部犯罪的发展趋势，也就是导致安全问题的原因来自企业内部的员工管理。一些企业的员工职业修养不高、缺乏安全意识，并且企业对员工的管理也较为松散，甚至一些对手企业会利用不正当的方式收买企业网络交易管理人员，以此获取竞争企业用户的个人资料、密码及各种相关的机密文件资料。

很多企业的信息系统没有设置安全管理员，所以并没有专业人员对信息系统进行科学的安全管理；没有制定标准的技术规范，缺乏定期的安全测试与检查，也没有对企业进行实时的安全监控。近年来，我国很多大型企业在信息系统安全管理方面已经有了很大的进步，但是仍然会存在一些不足之处需要持续改进。

除了以上这些风险，数字经济时代下的市场营销还会涉及其他不可预测的风险。在对各项风险进行分析时，应该将所有可能导致风险发生的因素纳入考虑范围，这些因素包括直接因素、间接因素、内部因素、外部因素、总体因素、个体因素等，并且应该从各个角度对其进行研究分析，尽可能地全面了解各种风险因素，这样可以帮助企业采取更具针对性的防范措施。

2. 数字经济时代下市场营销风险的成因

数字经济时代下市场营销风险的成因主要包括四个方面的内容。

（1）市场供求关系变化因素。

纵观市场经济的发展历程可以看出，市场供求关系一直处于动态变化之中。市场供求关系的变化在一定程度上影响着企业市场营销活动的顺利开展，可以说这种关系的变化是造成市场营销风险发生的重要因素之一。就作为消费者需求集合的市场需求量而言，在一定的特殊时期，会因为某种关系或多种关系对其造成的影响而出现该时期某件产品的需求量不断上升的情况，但是在市场规模不断扩大、消费者需求不断被满足的过程中，市场需求量也在发生变化，而这种变化就可能形成市场营销风险。在此过程中，市场供求关系实现了由低层次向高层次的转变，并为市场营销带来了挑战与机遇。

（2）科学技术变化因素。

随着社会进步，科学技术不断发展，创新已经成为各行各业的根本发展动力，这也导致企业的生产管理和运作经营方式发生了巨大变化。在信息技术、互联网技术、电子通信技术等现代化技术得到普及应用后，我国大部分企业已经基本上实现了现代化建设与发展，尤其是在我国大力推行"互联网+"战略的背景下，企业对技术的应用得到了政府的支持。在这样的发展背景下，科学技术在为企业带来新的发展机遇的同时，也为企业带来了新的挑战与问题，科学技术已经成为企业市场营销风险形成的重要因素。例如，科学技术的变化对企业传统营销模式带来了巨大的冲击，互联网企业成为传统企业强有力的竞争对手，企业创新与改革成为企业发展的必然趋势。企业在改革过程中，其营销组织结构、企业营销策略、企业人力资源管理、企业融资渠道势必将发生改变，在此过程中，将不可避免地产生不确定性营销风险。另外，当今信息时代背景下仍然存在信息不对称的问题，也将为企业市场营销带来风险。

（3）市场经济因素。

观察市场经济发展情况可以看出，随着市场经济的不断发展，市场营销风险也在不断增加，而这种变化在很大程度上对企业开展市场营销的方向和力度造成了影响。例如，随着市场经济的不断发展，科学技术的进步促成了知识型市场经济形式，这种形式相较于生产型市场经济发展形式有很大的不同，在知识型市场经济形式下，高科技产品营销可以获得更好的环境、更大的空间，企业现代化建设与转型发展成为必然趋势。随着经济全球化进程的不断推进，在国际环境的影响下，我国市场经济发展趋势、市场需求量及经济政策呈现不断变化的发展态势。如何把握市场经济变化规律，依据市场经济变化对需求进行科学调整，成为降低市场营销风险的关键内容，这也是企业可持续发展的关键举措。

（4）其他因素变化的影响。

市场营销受到诸多因素的影响，除以上提到的科学技术变化、市场供求关系变化、市场经济发展三个影响因素外，还受到其他因素变化的影响。例如，一系列企业外部因素也会对市场营销产生影响，国家政策变化、相关法律法规变化、国际经济形势变化及国际关系变化等都可能导致市场营销风险的发生；一系列的企业自身内部因素同样会对企业市场营销产生影响，企业管理机制、企业管理层的营销决策、市场营销工作人员自身素质与能力等也是造成市场营销风险发生的重要因素。

（二）数字经济时代下市场营销的风险管控

1. 建立健全信用评估体系

诚信一直是传统企业的战略原则，在数字经济时代下企业诚信同样十分重要，因此建立健全信用评估体系是促进数字经济时代下市场营销发展的重要组成部分。需要从以下三个方面着手建立完善信用评估体系：

第一，建立独立、公正的评级机构。信用评级机构不仅要独立于政府、企事业单位，还要独立于评级对象，不应该受到其他组织或个人的干扰，要做到公正评价。

第二，建立健全科学的信用评级体系。这需要结合国际惯例与我国实际，同时需要将传统研究方法与现代先进的评级技术进行有机结合。

第三，政府应该积极配合信用评级机构的工作，必要时为其工作顺利开展提供帮助。

2. 加强信息安全技术研究

开展市场营销活动应该适应经济全球化的趋势，应该将信息安全放在重要位置。对我国的市场营销来说，加强信息安全研究是一个急需解决的重要问题。必须以先进的技术系统作为基础，才可能搭建好信息安全体系。技术安全涉及技术标准、关键技术、关键设备和安全技术管理等环节，其中有两个核心问题：

第一，与安全相关的技术和产品必须是由我国自主研发并生产的。

第二，关于信息安全技术的开发与采用及国产信息安全产品的采购与装备都应该纳入监管范围。

通过用户身份识别可以保证通信双方的交流内容不被他人窃取，同时还可以保证信息的完整性。针对"黑客"的技术防范措施有很多种，企业可以根据不同产品选择相应的措施，包括防火墙、网络安全检测设备、访问设备、证书、浏览器/服务器软件、商业软件和安全工具包软件。

3. 完善国家宏观管理体制

政府有责任保证市场秩序、维护经济运行。在开发网络市场的过程中，政府应该充分发挥自身的作用。

第一，政府应该将防范制度风险作为基础，针对各种市场营销风险制定不同的应对政策，或者对企业进行积极的引导，使企业正确地认识风险防范和控制的重要性，对风险发生做好充分的准备。

第二，应致力于制度建设和法治建设，这样才能保证企业在一个稳定有序的环境中开展经营活动。

第三，政府应该进一步加强对风险防范的监督，为企业提供各个方面的帮助，如发布市场信息、产业动态等，最大限度降低企业面临市场营销风险的可能性。

4. 强化企业制度建设

建立科学合理的企业制度可以有效防范各类风险、减少风险损失。为了对数字经济时代下的市场营销风险进行科学有效的防范和控制，企业应该对以下三个方面进行重点建设：

第一，加强人员管理制度的建设，明确各岗位员工的权责范围，规范员工行为，通过教育培训等方式有效提高企业员工的风险防范意识及能力。

第二，加强风险控制制度的建设，使企业在面临风险决策、交易管理、危机应急等情形时有规范的处理方法和操作机制为其提供参考。

第三，加强监督制度的建设，制定并实行严格的监督监管，可以保证企业的各项制度措施被顺利实施并充分发挥效用。

5. 加强市场营销法治建设

政府有义务维护市场秩序，保障经济运行。在网络市场中，政府仍然需要履行其义务，致力于网络市场的法治建设，使企业可以在网络市场中有序地开展各项经营活动。就我国的实际情况来说，应该从以下四个方面加强数字经济时代下的市场营销法治建设：

第一，加速建立电子签名等方面的法律法规，解决市场营销活动中涉及的电子签名、电子合同、电子交易等方面的问题。

第二，扩宽行政许可模式的适用范围，研究出符合电子商务发展特点和规律的管理模式。

第三，大力推进网上法庭、网上仲裁、网上律师等司法辅助机制的建立和发展。

第四，协调管理、技术、法律、标准和商业惯例之间的关系，使它们形成相互协调的有机整体，为电子商务的运行和发展提供全面有效的保障。

网上交易安全的法律保护问题主要涉及两个方面：一是网上交易也是一种商品交易，涉及网上交易的安全问题应该获得民商法的保护；二是网上交易需要通过网络和计算机完成，网络和计算机本身的安全情况直接影响网上交易的安全情况。我国关于网络的法律法规主要是围绕网络信息传播、网络安全等方面制定的，缺乏针对网络交易的专门法律，正是因为以上两个方面的法律制度不完善造成的。2014 年国家工商行政管理总局发布了《网络交易管理办法》，这是专门针对网络交易制定的管理办法，为了保证我国网络交易的正常进行，各参与主体应该严格遵守该办法的规定，并在此基础上不断探索，逐步建立符合发展需求的电子商务法律制度。

三、企业的市场营销效果评价

（一）对企业网站建设专业性的评价

网站建设是数字经济时代下市场营销的基础，同时也是信息传递的主要渠道之一。建设以数字经济时代下市场营销为导向的企业网站需要遵循一定的原则，需要按照实际要求对网站进行优化，保证网站的专业化对市场营销活动的开展十分重要。因为网站建设对数字经济时代下的市场营销有着重要的意义，所以应该对企业网站的专业性进行科学合理的评价。对企业网站的评价主要包括网站优化设计合理、网站内容和功能完整、网站服务具有有效性、网站具有可信度等。

1. 网站内容和功能评价

网站内容和功能评价的主要包括以下方面：网站是否拥有完整的基本信息，如公司简介、联系方式、服务承诺等；网站信息是否及时、有效；网站的产品信息是否详细全面；用户能否方便地查找产品信息；网站功能运行是否正常；用户的注册和注销是否简单方便；网站是否可以体现其促销功能；网站是否具备各项数字经济时代下的市场营销功能；网站上的各类广告是否会对用户造成骚扰。

2. 网站优化设计评价

对企业网站优化设计评价的主要内容包括以下方面：网站设计是否适应用户的阅读习惯；网站结构对搜索引擎抓取信息的合理性；网站导航和网站帮助设置的合理性；网站地图设计是否合理；网站链接是否有效；网页下载速度是否正

常；每个网页是否都有合理的标题；静态网页与动态网页的综合应用是否合理；网页设计 META 标签中的关键词和网站描述是否合理。

3. 网站可信度评价

网站可信度评价的主要内容包括以下方面：网站是否在简介中明确说明了企业的基本状况；网站是否拥有必需的法定证书；网站是否向顾客公布多渠道咨询方式；网站上的信息是否及时、有效；网站是否公布了服务承诺；网站是否有合理的个人信息保护声明；网站的内容、功能、服务等是否可以满足用户的一般需要。

4. 网站服务有效性评价

网站服务有效性评价的主要内容包括以下方面：网站是否建立了帮助系统；是否有详尽的 FAQ；网站是否公布多个客户咨询渠道和方式；是否为会员提供通信功能；网站是否建立了会员社区。

从上述的企业网站评价内容中可以看出，部分指标在不同类别的评价中重复出现，这主要是为了提高不同类别评价内容的完整性，在实践过程中企业可以删除各项中重复的评价指标，依据企业的实际情况建立符合自身要求的企业网站评价指标体系。此外，除了站在市场营销的角度评价企业网站外，还应该保证企业网站满足以下基本要求：网页下载速度快、没有无效和错误链接、适应各种浏览器、网站的图片和文字具有较好的视觉效果等。

（二）对企业网站访问量指标的评价

网站访问统计报告既可以反映出数字经济时代下市场营销取得的效果，还可以从具体的统计数字中发现很多市场营销活动中出现的问题。虽然获得用户访问量只是数字经济时代下市场营销的一个中间环节，但是分析用户访问量对市场营销的最终效果具有直接的影响作用，企业可以将网站访问量指标看作市场营销的中间效果。

1. 页面浏览量

页面浏览量是指在一定统计周期内所有访问者浏览的页面数量。也就是说，同一个访问者访问同一网页几次，网页浏览次数就是几次。但是页面浏览量本身也存在一定的不确定性，因为同一页面内包含的信息可能存在很大的差别。比较简单的页面可能只包括一些简短文字或是一两张图片，然而一个复杂的页面则会包含很多内容，可能有几十幅图片和很多文字。设计人员的偏好等因素会导致同样的内容在不同网站上可能会出现不一致的页面数量。

2. 独立访问者数量

独立访问者数量反映的是网站访问者的总体状况，是指在一定统计周期内企业网站的访问数量。每一个固定的访问者都代表了一个用户，不论其访问该网站的次数为多少。独立访问者的数量可以在一定程度上反映网站推广的效果，数量越多则表示产品推广效果越好，也表示企业的市场营销效果较好，因此该指标具有较强的说服力。很多机构都是以独立访问者数量作为依据进行网站流量排名的。不过不同调查机构对网站统计指标的定义和调查方法有一定的区别，所以不同调查机构对同一网站监测得出的具体数字可能存在差异。

3. 每个访问者的页面浏览数

量化指标是一个平均数，是指在一定时间内全部页面浏览数与所有访问者相除的结果，也就是一个用户浏览的网页数量。通过该项指标可以在一定程度上得到访问者对网站内容或者产品信息的感兴趣程度。如果访问者的页面浏览数很低，则表明其对该网站及其产品并没有太大兴趣，这样的访问者一般也不会是企业的潜在客户，即该访问者不属于企业的主要营销对象。

4. 具体文件/页面的统计指标

通过网站访问量统计，可以获得某些具体页面被访问和下载的信息。例如，在某个新产品的发布页面中统计该页面的每日被浏览/显示次数，则可以反映出该产品引起的关注度；如果网站提供了产品说明书下载，则可以通过统计用户的下载数量来评价该产品营销活动产生的效果如何。该项指标通常被运用于对某些推广活动的局部效果评价中，企业可以结合网站统计资料了解网站访问量和营销策略之间的联系。

需要注意的是，在实际应用过程中，网站访问统计指标的获取存在各种因素的限制，所以这些指标只是为企业评价市场营销效果提供了参考，并不能说明全部问题。

（三）对企业网站推广效果的评价

1. 注册用户数量

只有保证网站访问量才能保证数字经济时代下的市场营销取得一定的效果。用户在注册时需要提供自己的基本信息，这对数字经济时代下的市场营销来说是重要的客户资源。企业在开展市场营销活动时，要尽可能多地获得注册用户信息，并对这些客户资源进行合理的利用。

2. 搜索引擎的收录和排名状况

一般来说，登记的搜索引擎越多，对增加访问量越有效果；同时，搜索引擎的排名也很重要，使用排名越靠前的搜索引擎越有利于企业推广产品。对该项指标进行评价时，应该对网站在主要搜索引擎中的表现进行逐一评估，同时需要和主要竞争对手进行科学有效的对比分析。

3. 获得其他网站链接的数量

一般情况下，其他网站链接的数量越多，则越有利于搜索结果的排名。此外，网站访问者可以直接从合作伙伴网站中点击进入，所以网站链接数量也能在一定程度上反映出营销人员在网站推广方面所做的努力。但需要注意的是，网站链接数量并不一定会与其获得的访问量成正比。

（四）对企业市场营销活动反应率指标的评价

在数字经济时代下的市场营销活动中，部分产品营销活动的效果会直接促进企业的销售量，而网站访问量指标无法反映这些营销活动的效果，因此并不能用以上方法对这些活动进行评价。例如，企业通过电子邮件向用户发送优惠券的方式开展市场营销，用户只要下载优惠券就可以直接在线下商店使用，这种营销方式并不需要用户登录企业网站，所以网站流量并不会出现明显的增加。此外，用户在网页上看到网络广告时通常不会点开，但实际上浏览广告已经对用户产生了影响，因此采用网络广告对网站流量增加的评价方式并不能正确反映网络广告的价值。对于这些无法通过网站访问量进行评价的市场营销活动，则需要采用该项活动的反应率指标对其进行评价，如电子邮件的送达率和回应率等。

(五) 对企业市场营销竞争力的评价

1. 产品创新能力评价

对于当前的时代发展要求来说，创新是推动各行各业发展的根本动力，尤其是随着人们对产品的要求越来越高、越来越多元化，企业只有开发具有创新价值的产品才可能吸引更多客户并获得他们的信赖。因此，必须对产品的创新价值进行科学测定。对于企业而言，虽然创新工作开展难度偏高，但这也是为了获得良好市场营销效果而必须努力的方向。在对该项指标进行测定时，需要对企业研发新产品的成功率、投入市场的情况及新产品销售额占比进行评估以确定新产品的开发情况，进而找出问题并使企业转变开发方式，确保新产品的质量。

2. 质量管理能力评价

衡量市场营销竞争力的指标有很多，其中质量管理能力是其重要内容。产品的质量直接关系着企业的形象，现代企业也逐渐重视品牌的建立。在对产品质量进行评定时，需要对产品的合格率、性价比及市场口碑进行评定，同时还要参考消费者的反馈意见。在评价之后，企业能够了解到产品存在的缺陷，进而从生产的角度来改变原有的市场营销策略。

3. 销售管理能力评价

销售是很多企业的重点工作，销售工作的实际开展情况直接关系着企业的最终收益。相较于过去比较单一的销售工作来说，当前的销售工作内容丰富、操作复杂，这就要求企业必须对销售工作进行科学有效的管理，只有这样才可以保证销售工作平稳顺利地进行。单纯地依靠常规化的销售管理方法并不能适应当前的市场营销活动，因此企业必须科学选用指标体系对销售管理工作进行评价，从而判断自身对销售的管理是否充分及合理。评价指标包括供货单位的供货情况及是否能够及时供给企业需要的货物、货物的合格率、企业推出的营销产品的实际市场占有率，这些指标均可以体现出企业的销售管理水平，在完成指标测定之后，企业可以适时转变营销管理方式，加强对企业营销工作的约束。

4. 其他评价指标分析

除了以上内容，企业还需要对其他影响营销效果的内容进行科学评价和分析。在当今社会，品牌对于企业具有重要的意义，企业需要通过树立良好的品牌形象来获得客户的信任，因此企业必须将品牌管理的工作作为一项企业管理的重点任务。此外，宣传也是影响营销效果的重要因素，企业需要加强对营销传播工作的重视，要对营销传播工作进行科学测评和分析。在对企业品牌管理和营销传播进行评测时，需要测定新建品牌在市场推广的成功率、名牌产品的总数量及其销售额，另外还要评测品牌获取美誉的程度及传播营销活动给营销成果带来的影响。在评测后，企业能够在科学依据的基础上转变营销传播工作方式，优化品牌管理的工作模式。

从本质上说，企业开展市场营销工作是为了获取更多的客户，在这个过程中企业需要建立并维护与客户之间稳定和谐的商业关系，这是企业在市场中具有较强竞争力的关键。具体来说，在对营销人员的工作情况进行测定时，需要从以下方面进行评价：服务销售活动开展情况、其他营销服务增值项目的运作情况、客户对营销活动的满意程度、客户的后续购买率等。

第五章　新经济环境下企业经济的可持续发展

　　企业发展目标的变化是个循序渐进的发展过程，从传统的经济条件下追求产值最大化，到市场经济条件下追求利润最大化，再到现代经济条件下追求企业可持续发展。对于任何一个企业，可持续发展都是其追求的目标。所谓企业可持续发展，是指企业在追求自我生存和永续发展的过程中，既要考虑企业经营目标的实现和企业市场地位的提高，又要使企业在已领先的竞争领域和未来扩张的经营环境中保持盈利的增长和能力的提高。

第一节　企业可持续发展问题探讨

　　"企业的危机来自于经营环境的不断变化。"① 进入 21 世纪，变化成为了日常现象，而且变化毫无规律、难以预测。经济全球化及资本经营的出现打破了行业限制，使得企业面对的竞争对手数量更多了，竞争的程度也更加剧烈。

　　面临环境的种种变化，如果企业还停留在原来的经验基础上，不能有效地解

---

① 王丹竹，管恒善，陈琦 . 企业经济发展与管理创新研究［M］. 长春：吉林人民出版社，2017.

决伴随企业成长而出现的问题，那么企业势必将从成功走向衰败。要切记，企业今天的辉煌不等于明天的成功。

一、合理的企业发展战略是企业可持续发展的动力

我国的许多企业在创立期完成了人才、技术、资金的一些初步积累，企业规模迅速膨胀。但在企业的成长期特别是成熟期，企业管理则相对滞后，面临着多种机遇及发展方向的选择，此时企业的发展速度反而下降或停滞。这时候需要制定明确的企业发展战略和发展目标，才有可能使企业进入持续发展期。

企业在持续发展期要进行持续的创新，提高自身的竞争能力且不断地修正前进的航向，以适应市场发展的需要。制定发展战略是我国企业为适应市场发展的必然选择。在制定发展战略的过程中，企业要在对企业未来发展环境的分析和预测基础上，为企业提出总体的战略目标，企业的一切目标都要服从于或服务于这个战略目标。企业的战略目标应该是宏伟的远景目标，这是支持企业发展的首要因素。树立宏伟的远景目标可以使企业的领导不满足现状，从而确保企业不断地增长。同时，目标的树立还起到鼓舞凝聚人心、吸引人才、激发活力的作用，使员工对企业未来的发展充满信心。一名高素质的员工是不愿意在一个没有希望、没有前途、没有美好前景的公司工作的。给人以美梦，这是最激励人的手段；善于运用胆大超前的目标，也是那些百年企业长寿的秘诀之一。

企业远景目标的三要素：一是要针对未来，即任何一个战略远景目标都要基于对未来环境的判断，也就是对国家宏观环境——产业政策及微观环境——竞争环境的展望。二是要统筹考虑企业未来涉及的业务范围、地理范围、竞争对手及竞争优势的来源。三是企业整体战略，企业制定整体战略是为了增强企业的可持续发展能力。只有符合这三个要素才是一个完整的远景目标。

建立在对环境彻底分析基础上的公司整体战略，才能够对企业外部环境的变化表现出应变性。成功的企业都有较强的适应环境变化的能力，这些能力是企业对市场信号做出的反应。因此，有人在界定长寿企业时指出，"对周围环境的敏

感代表了企业创新与适应的能力，这是长寿企业一大成功要素之一"①。

二、不断的创新是企业可持续发展的核心

企业的核心问题是维持效益，企业要想维持效益就必须不断创新。只有不断创新的企业，才能保证其效益的持续性，即企业的可持续发展。伴随着知识经济时代的不断发展，知识创新、技术创新、管理创新、市场创新等已成为企业发展的动力，没有创新企业就无法在竞争中取得优势，也无法保持企业发展的能力。因此，企业可持续发展重点强调的是发展而不是增长。无论是企业的生产规模还是企业的市场规模，都存在着增长的极限。增长是一个量的变化，发展是一个质的变化。一个企业不一定变得更大，但一定要变得更好。企业可持续发展追求的是企业竞争能力的提高、不断的创新，而不只是一般意义上的生存。

企业创新是全方位的创新，其核心是观念创新。观念创新是按照新的外部环境调整价值尺度、思维方式、行为方式和感情方式等诸多方面的文化心理，创新意识的建立是一种否定自我、超越自我的过程，这是企业创新的先导。观念创新中最重要的是价值观念创新。价值观念主要是指企业经营的价值观念，包括消费者价值观、利润价值观和社会价值观等。价值观念的创新是指要随着形势的发展而不断改变自己的价值观。观念的创新决定着决策的创新、管理的创新，决定着企业行为的创新。因此，创新应该反映在企业的各个方面，包括技术创新、管理创新、体制创新、经营创新，等等。所有的这些创新，最终都会在企业的经营活动中反映出来，会落实在企业的产品创新上。

三、强大的竞争优势是企业可持续发展的保障

企业可持续发展与社会、生态系统可持续发展的不同之处在于，社会、生态系统可持续发展要实现的是一种平衡，而企业可持续发展要实现的是在非平衡中赢得竞争优势。在企业可持续发展的过程中，必须不断地提高自身的竞争能力和

---

① 王丹竹，管恒善，陈琦．企业经济发展与管理创新研究［M］．长春：吉林人民出版社，2017.

水平，才能实现永续发展目标。

在市场经济条件下，同一种产品的生产与销售通常是由多家企业完成的。企业面对的是竞争性的市场，所以需要分析企业已经形成的核心能力及其利用情况。在竞争市场上，企业为了及时实现自己的产品并不断扩大自己的市场占有份额，必须形成并充分利用某种或某些竞争优势。竞争优势是竞争性市场中企业绩效的核心，是企业相对于竞争对手而言难以甚至无法模仿的某种特点。由于形成和利用竞争优势的目的是不断争取更多的市场用户，因此企业在经营方面的这种特点必须是对用户有意义的——竞争优势归根结底产生于企业为客户所能创造的价值。

怎么才能形成企业的某种竞争优势呢？管理学家认为这取决于企业的核心能力。所谓核心能力是组织中的积累性学识，特别是关于如何协调不同的生产技能和有机结合多种技术流派的学识。这种能力不局限于个别产品，而是对一系列产品或服务的竞争优势都有促进作用。从这个意义上说，核心能力不仅超越任何产品或服务，而且有可能超越公司内任何业务部门。核心能力的生命力要比任何产品或服务都强。

由于核心能力可以促进一系列产品或服务的竞争优势，所以建立比竞争对手领先的核心能力会对企业的长期发展产生根本性的影响。只有建立并维护核心能力，才能保证公司的长期存续。因为核心能力是未来产品开发的源泉，是竞争能力的根本。

所以说，利润重要，市场份额更重要；市场份额重要，竞争优势更重要；竞争优势重要，企业核心能力更重要。企业有了核心能力才能不断地创造竞争优势，有了竞争优势才能扩大市场份额，才能使企业基业长青。因此，企业核心能力是竞争优势、市场份额和企业利润的真正来源。

如果企业所处的环境基本保持不变或相对稳定，那么企业只要选择和进入富有市场吸引力的产业，并且具备战略资源、核心能力、企业战略能力、企业家能力和优秀的企业文化，就可以创造企业的持续竞争优势。然而，我们现在所处的环境由于各种因素的作用和变化而处于不断的变动之中，甚至可以说已经达到了动态或剧变的程度。环境的动态化严重削弱了企业经营决策与行为可能性预见的基础。由此就使得企业的每一种既定形式的竞争优势都不可能长久地维持，最终都将消散，只是时间的长短不同。因此，在动态的环境中，企业要想能够获得持续竞争优势，就不能只是凭借其战略资源、核心能力等被动地适应环境，而是要求企业能够深刻预见或洞察环境的变化并迅速地做出相应反应。通过持续性创新，不断超越自己，从既有的竞争优势迅速地转换到新的竞争优势。也就是说，企业持续竞争优势源自持续性的创新。

四、优秀的企业文化是企业可持续发展的内因

企业文化作为企业发展战略或企业家能力发展过程中的一种力量或动力，随着知识经济的发展，它对企业兴衰将发挥越来越重要的作用，甚至关键性的作用。一个企业在产品质量达到一定程度时，对产品的市场地位、价位、市场销售量发挥重要作用的仍然是产品自身的文化内涵。经济活动往往是经济、文化一体化的运作，经济的发展比任何时候都需要文化的支持。任何一家企业想要成功，都必须充分认识到企业文化的必要性和不可估量的巨大作用，企业要在市场竞争中依靠文化来带动生产力，从而提高竞争力。

哈佛商学院通过对世界各国企业的长期分析得出结论：一个企业本身特定的管理文化，即企业文化，是当代社会影响企业本身业绩的深层重要原因。企业的生存和发展离不开企业文化的哺育，谁拥有文化优势，谁就拥有竞争优势、效益优势和发展优势。世界 500 强企业技术创新、体制创新和管理创新的基础是优秀的企业文化，优秀的企业文化是企业发展壮大的沃土。

企业文化是企业员工普遍认同的价值观念和行为准则的总和，这些观念和准则的特点可以通过企业及其员工的日常行为而得到表现。文化对企业经营业绩及战略发展的影响主要体现在它的三个基本功能上：导向功能、协调功能、激励功能。文化的导向功能是共同接受的价值观念引导着企业员工，特别是企业的战略管理者自觉地选择符合企业长期利益的决策，并在决策的组织实施过程中自觉地表现出符合企业利益的日常行为。文化的协调功能主要是在相同的价值观和行为

准则的引导下，企业各层次和部门员工选择的行为不仅符合企业的长期或短期利益，而且还是相互协调的。文化的激励功能主要指员工在日常经营活动中自觉地根据企业文化所倡导的价值观念和行为准则的要求调整自己的行为。

企业文化的上述功能影响着企业员工，特别是影响着企业高层管理者的战略选择。正是由于这种影响，上述文化功能的实现不仅是高效率的，而且还是成本最低、持续效果最长的。从这个意义上说，培养企业文化是企业竞争优势可持续发展的最为经济的有效手段。

企业文化就是企业的人格。优秀的企业文化是企业发展战略中必须具有的要素，因为与战略相适应的核心价值观、与战略相配套的企业制度准则，都在影响着企业战略的管理和实施。优秀的企业文化将对企业战略管理起到事半功倍的效果。只有拥有优秀的企业文化，企业人员才不会流失，企业才能够低成本地运作，创造出更高的效益。

五、科学的管理是企业可持续发展的基础

企业内部管理基础要扎实，一个完善的企业战略没有强有力的企业基础管理作为保证，那么企业战略不可能被贯彻执行。可想而知，如果企业制定了战略，但管理很松散，那么战略就得不到很好地执行。海尔集团之所以完美实施了国际战略、多元化战略，就是因为其严谨科学的管理基础。对于企业管理效率低、决策慢的状况，企业要重构职权体系，明确各个部门和每个岗位的职责、权限，制定各项工作的操作规范，使各部门和员工按规章行事。企业要建立完善的考核体系和合理的报酬体系，以绩效为目标，使得考核有依据、奖惩有办法，促进员工的成长、企业的进步。

企业的可持续发展，不仅需要前期的积累和投入，还需要长远的战略发展眼光，努力创新以提升企业的竞争优势。愿所有的企业都能成为一个可持续发展的百年企业。

第二节　经济新常态下企业可持续发展战略

企业可持续发展，是指企业在追求自我生存和永续发展的过程中，既要考虑企业经营目标的实现和提高企业市场地位，又要保持企业在已领先的竞争领域和未来扩张的经营环境中始终保持盈利的增长和能力的提高。企业可持续发展战略包括很多内容，如企业文化、企业核心竞争力和企业制度。

一、企业可持续发展战略概述

经济新常态的三大特点：一是从高速增长转为中高速增长；二是经济结构不断优化升级；三是从要素驱动、投资驱动转向创新驱动。增速放缓会影响很多企业对规模增长的信心，使企业更多关注防御策略与风险管理；结构优化和升级则会加快一批发展不可持续的行业的洗牌，在可持续发展空间上实现"腾笼换鸟"，给新兴产业带来发展机遇。可以预见，在经济新常态下，可持续发展战略对商业价值的影响较之前更加显著。

（一）可持续发展是企业优势防御策略

成功的大企业往往拥有数量庞大的利益相关方和深刻的影响力；同时，作为某一领域中的佼佼者，其防御策略必然长期占据主导地位。在经济新常态中，可持续发展成为企业的优势防御策略。

第一，可持续性方面的风险往往会最终转化为企业的商业风险。在增速放缓、结构调整的周期中，这种风险的转化往往会加速。企业对可持续性发展方面的管理，有利于企业评估和预测长期商业风险。企业制定可持续发展战略有助于最高决策层与基层员工、客户一起应对各种风险。

第二，公司规模越大、存在时间越久，无形资产在企业价值中的权重就越高，企业软实力对企业价值的影响也就越显著。这一点在通用电气公司、IBM、可口可乐等企业身上都得到了验证。无形价值依靠企业软实力来支撑。企业在可持续发展方面的能力与作为，也是衡量企业领导力、透明度、知识产权和人力资源等软实力要素的评价标准。企业制定可持续发展战略可以为增强内部活力、增加企业文化的新内涵提供具体的指导方向。

（二）寻找企业成长的新支点

目前，人们生活受到生态威胁、环境问题的影响，越发感受到发展空间的局限性。针对这些社会"痛点"进行有效创新，是企业获得高速成长的有效路径。我们可以期待在新能源、新材料、新服务模式领域出现一批能够极大提升"可持续发展空间利用效率"的新企业。

在商业竞争中，企业竞争基本可以概括为成本和差异两个维度。

1. 成本领先优势

在大部分情况下，环境效率与成本效率具有正相关关系——环境效率越高，则成本效率越高。

从企业追求成本领先的角度看，可持续发展战略对原有"规模效应"法则进行了必要修正。无论是减少企业的环境影响、降低能源消耗强度、增加资源循环利用比例还是提高能源独立水平，都能有效帮助企业应对可变成本上涨的压力。企业在有效降低单位产品的"环境足迹"后，往往会发现其成本竞争力也增强了。通过可持续发展报告披露这一努力，并与财务报告相配合，将会使投资人看到企业在可持续发展方面做出的努力。

2. 差异化优势

长期来看，经济可持续发展需要在长期利益和短期利益中实现平衡，仅仅依靠现有模式可能不能解决所有问题。因此，企业要细分市场，致力于差异化的创新发展。

市场需求的广泛转变无疑会对企业带来差异化竞争的机会。无论是通用电气公司、ABB还是施耐德，这些传统电气产业巨头也都在投入更大精力为客户提供更清洁、更高效、更低碳的解决方案，而不再是简单地增加传统优势产品的推广。

可见，可持续发展战略能够"内外兼修"地为企业经营目标服务，从商业角度看，可持续发展正在融入成功企业和高成长性企业的战略之中。

二、企业可持续发展的核心是创新

首先，企业的可持续发展、企业创新要具体落实在企业的战略目标上。企业要在对未来发展环境的分析和预测基础上，制定总体的战略目标，企业的一切目标都要服从于或服务于这个战略目标。其次，企业可持续发展在于环境的应变性上。成功的企业都有较强的适应环境变化的能力，这些能力是企业对市场信号的反应。企业的适应性还表现在对生态资源利用的适应性方面，如果企业忽视对生态资源的保护和利用，那么就很难实现可持续发展的目标。最后，企业可持续发展表现在竞争的优势性上。企业可持续发展与社会、生态系统可持续发展的不同之处在于，社会、生态可持续发展要实现的是一种平衡，而企业可持续发展要实现的是在非平衡中求得竞争优势。在企业可持续发展的过程中，必须不断地提高自身的竞争能力和水平，这样才能实现永续发展目标。

参考文献

［1］常正兴．经济新常态下企业管理的创新路径［J］．中国商界，2022（6）：64-65.

［2］陈雪．财务共享与会计信息质量研究［D］．昆明：云南财经大学博士学位论文，2022.

［3］崔楷．新经济背景下市场营销发展与创新研究［M］．北京：中国水利水电出版社，2018.

［4］窦昉昊．社会主义核心价值观引领企业文化建设研究［D］．兰州：西北民族大学硕士学位论文，2022.

［5］高岑岑．企业数字化发展与资本配置效率［D］．上海：华东师范大学硕士学位论文，2022.

［6］高军．经济管理前沿理论与创新发展研究［M］．北京：北京工业大学出版社，2019.

［7］龚勇．数字经济发展与企业变革［M］．北京：中国商业出版社，2020.

［8］郭梦晓．绿色人力资源管理对员工亲环境行为的影响研究［D］．长沙：中南林业科技大学硕士学位论文，2022.

［9］郭泽林．新形势下企业经济管理的创新策略［M］．北京：九州出版社，2018.

［10］何乐．基于大数据的人力资源系统设计与实现［D］．扬州：扬州大学硕士学位论文，2022.

［11］黄剑锋．新零售背景下 DK 公司营销策略优化研究［D］．重庆：重庆工商大学硕士学位论文，2022.

［12］康芳，马婧，易善秋．现代管理创新与企业经济发展［M］．长春：吉林出版集团股份有限公司，2020.

［13］李晨光．数字经济环境下企业管理会计创新研究［J］．中国管理信息化，2022（12）：79-81.

［14］李瑄．新经济环境下的融媒体营销策划［M］．天津：天津大学出版社，2021.

［15］刘晓莉．企业经济发展与管理创新研究［M］．北京：中央民族大学出版社，2018.

［16］陆生堂，卫振中．数字经济时代下企业市场营销发展研究［M］．太原：山西经济出版社，2021.

［17］陆晓禾．企业和经济发展中的伦理、创新与福祉［M］．上海：上海社会科学院出版社，2021.

［18］麦文桢，陈高峰，高文成．现代企业经济管理及信息化发展路径研究［M］．北京：中国财富出版社，2020.

［19］孟凡一．经济新常态下企业管理创新研究［J］．淮南职业技术学院学报，2020（1）：138-140.

［20］明荷汶．新创企业双元营销能力与创业绩效的关系研究：关键权变因素的调节效应［D］．重庆：重庆理工大学硕士学位论文，2022.

［21］裴真．数字经济对企业全要素生产率的影响研究［D］．济南：山东大学硕士学位论文，2022.

［22］彭爱辉．经济新常态下企业管理的创新路径探索［J］．商业文化，2021（15）：62-63.

［23］王丹竹，管恒善，陈琦．企业经济发展与管理创新研究［M］．长春：

吉林人民出版社，2017.

[24] 王关义. 经济管理理论与中国经济发展研究 [M]. 北京：中央编译出版社，2018.

[25] 王海霞. 企业文化类型对创新投入影响研究：基于高管背景特征调节的分析 [D]. 青岛：青岛理工大学硕士学位论文，2019.

[26] 王姝昕. 经济新常态下我国企业发展研究 [D]. 沈阳：沈阳工业大学硕士学位论文，2019.

[27] 王微微. "互联网+"新经济背景下的市场营销 [M]. 成都：四川大学出版社，2018.

[28] 王艺盲. 新发展格局下中国经济数字化路径研究 [D]. 上海：上海财经大学硕士学位论文，2021.

[29] 王喆. 新经济环境下现代企业战略管理研究 [M]. 北京：中国商业出版社，2018.

[30] 谢青. 经济新常态下企业管理创新路径分析 [J]. 商业文化，2021（36）：45-46.

[31] 杨金明. 全面提升企业整体经营管理水平的重要举措分析 [J]. 全国流通经济，2021（34）：64-66.

[32] 杨晓北. 共享经济背景下协同消费模式分析及发展策略 [J]. 商业经济研究，2018（19）：43-45.

[33] 尹晓霞. 经济新常态下企业管理创新路径分析 [J]. 商场现代化，2022（22）：89-91.

[34] 袁莉. 浅析新经济环境下如何加强企业管理水平 [J]. 大众投资指南，2019（20）：130-131.

[35] 詹旺秀. 新经济环境下企业管理水平的提升策略 [J]. 中国流通经济，2022（1）：106-108.

[36] 张恩岭. 新经济环境下如何加强企业管理水平 [J]. 中国国际财经（中英文），2017（8）：148.

[37] 张吉祥 . 新经济环境下提高企业管理水平的路径 [J] . 现代企业, 2022 (2) : 7-8.

[38] 赵高斌，康峰，陈志文 . 经济发展要素与企业管理 [M] . 长春：吉林人民出版社，2020.

[39] 赵金华 . 经济新常态下企业管理创新策略分析 [J] . 经济管理文摘, 2019 (19) : 99-100.

[40] 周剑敏 . 基于经济新常态下的企业管理创新研究 [J] . 上海商业, 2022 (6) : 135-137.

[41] 周荣华 . 把握经济新常态：产融结合下的企业金融业务发展 [M] . 上海：复旦大学出版社，2018.

[42] 周莎莎 . 经济新常态下企业管理的创新措施分析 [J] . 中国集体经济, 2022 (33) : 36-38.

[43] 左立娜 . 新经济环境下企业加强财务内控管理的思考 [J] . 全国流通经济, 2021 (25) : 94-96.